utb 5712

Eine Arbeitsgemeinschaft der Verlage

Brill | Schöningh – Fink · Paderborn
Brill | Vandenhoeck & Ruprecht · Göttingen – Böhlau Verlag · Wien · Köln
Verlag Barbara Budrich · Opladen · Toronto
facultas · Wien
Haupt Verlag · Bern
Verlag Julius Klinkhardt · Bad Heilbrunn
Mohr Siebeck · Tübingen
Narr Francke Attempto Verlag – expert Verlag · Tübingen
Ernst Reinhardt Verlag · München
transcript Verlag · Bielefeld
Verlag Eugen Ulmer · Stuttgart
UVK Verlag · München
Waxmann · Münster · New York
wbv Publikation · Bielefeld
Wochenschau Verlag · Frankfurt am Main

Jana Antosch-Bardohn

Kreativität für die Wissenschaft

Wie Sie kreative Methoden in Forschung und Lehre einsetzen

BRILL | Schöningh

Umschlagabbildung und Illustrationen: Ulrike Halvax, www.larika.net

Online-Angebote oder elektronische Ausgaben sind erhältlich unter
www.utb-shop.de

Bibliografische Information der Deutschen Nationalbibliothek

Die Deutsche Nationalbibliothek verzeichnet diese Publikation in der Deutschen Nationalbibliografie; detaillierte bibliografische Daten sind im Internet über http://dnb.d-nb.de abrufbar.

© 2021 Brill Schöningh, Wollmarktstraße 115, D-33098 Paderborn, ein Imprint der Brill-Gruppe (Koninklijke Brill NV, Leiden, Niederlande; Brill USA Inc., Boston MA, USA; Brill Asia Pte Ltd, Singapore; Brill Deutschland GmbH, Paderborn, Deutschland; Brill Österreich GmbH, Wien, Österreich) Koninklijke Brill NV umfasst die Imprints Brill, Brill Nijhoff, Brill Hotei, Brill Schöningh, Brill Fink, Brill mentis, Vandenhoeck & Ruprecht, Böhlau, Verlag Antike und V&R unipress.

Internet: www.schoeningh.de

Das Werk, einschließlich aller seiner Teile, ist urheberrechtlich geschützt. Jede Verwertung außerhalb der engen Grenzen des Urheberrechtsgesetzes ist ohne Zustimmung des Verlages unzulässig und strafbar. Das gilt insbesondere für Vervielfältigungen, Mikroverfilmungen und die Einspeicherung und Verarbeitung in elektronischen Systemen.

Herstellung: Brill Deutschland GmbH, Paderborn
Einbandgestaltung: Atelier Reichert, Stuttgart

UTB-Band-Nr: 5712
ISBN 978-3-8252-5712-5

Inhaltsverzeichnis

1	**Die kreative Hochschule**	9
2	**Kreative Theorie**	13
2.1	Von Aufgaben, Routineproblemen und kreativen Problemen	13
2.2	Der kreative Prozess	16
	Präparation: Das Problem unter die Lupe nehmen	17
	Inkubation: Abstand vom Problem nehmen	17
	Illumination: Ideen sprudeln	22
	Verifikation: Die Kür der Besten	23
3	**Die persönliche kreative Haltung**	25
3.1	Vielseitig informieren: Wissen flexibel anwenden	26
3.2	Divergent denken: Absichtlich die Richtung wechseln	28
3.3	Positiv einstimmen: Lust auf Kreativität haben	32
3.4	Flow erleben: Raum für Kreativität schaffen	35
3.5	Inkubation genießen: Zeit für Kreativität lassen	40
4	**Rahmenbedingungen kreativer Methoden**	47
5	**Aufwärm- und Antiblockade-Techniken**	52
5.1	Training des divergenten Denkens	54
	Assoziationsfragen	54
	Reizbildanalyse	56
5.2	Techniken für den Schreibfluss	57
	Free Writing	59
	Mein Lieblingsproblem	60
	Genre- und Adressatenwechsel	61
5.3	Visuelle Techniken	62
	Concept Map und Mind Map	63
	Roadmap	65
	Hierarchiebaum	66

Storyboarding	67
Prototypenbau	68
Systemaufstellung	69
Legomodellbau	69

6 Methoden zur Problemspezifizierung 72
Umlauftechnik 72
KJ-Methode 74
Progressive Abstraktion 75
5-Warums-Technik 78

7 Methoden der Ideenfindung 81
7.1 Intuitiv-kreative Methoden 84
Reizwortanalyse 84
Klassisches Brainstorming.................... 86
Osborn-Checkliste 88
Flip-Flop-Technik. 91
Imaginäres Brainstorming.................... 93
Brainwriting 94
6-3-5-Technik............................... 96
7.2 Systematisch-analytische Methoden 97
Morphologischer Kasten..................... 98
Attribute Listing 100
Problemlösungsbaum........................ 102

8 Bewertungsmethoden..................... 107
8.1 Intuitive Gesamtbewertung 107
Punktabfrage 107
Paarvergleich 108
Klassenbildung.............................. 109
8.2 Bewertung komplexer Einzellösungen 110
Sechs-Hüte-Technik 110
Negatives Brainstorming..................... 112
Walt Disney Methode........................ 114
8.3 Bewertung anhand differenzierter Kriterien 115

9 Kreativität als Qualifikation	119
Literatur	122
Die Autorin	131
Die Grafikerin	131

1 Die kreative Hochschule

Wissenschaftlich arbeiten und lehren, neue Forschungsideen entwerfen und Studierende betreuen – ist Kreativität für diese Tätigkeiten, die Mitarbeiterinnen und Mitarbeiter an Hochschulen ausüben, notwendig? Unbedingt!

Kreativität drückt sich in Wissendurst, Neugier und Forscherdrang aus. Kreatives Denken hilft Probleme aus ungewöhnlichen Blickwinkeln zu betrachten und Zusammenhänge kritischer und unkonventioneller zu prüfen. Kreativ zu sein bedeutet, sich ohne Einschränkungen mit Wissens- und Erfahrungsbereichen auseinanderzusetzen. Mit Kreativität können in vielen Bereichen originelle und weiterführende Lösungen gelingen. Bedeutende Innovationen dieser Welt sind nicht durch logisches, sondern durch kreatives Denken entstanden.

Gerade im Hochschulkontext ist kreatives Denken und Handeln somit von hoher Relevanz. Wissenschaftlerinnen und Wissenschaftler setzen sich täglich mit komplexen Problemstellungen auseinander, bei denen es kreativer Denkprozesse bedarf. Kaum ein Tätigkeitsbereich kann ausschließlich von routinierten Arbeitsvorgängen ausgefüllt werden. Nicht nur Forschende, sondern auch Studierende analysieren wissenschaftliche Theorien, stellen Hypothesen auf, operationalisieren Fragestellungen, verfassen Texte, interpretieren Ergebnisse und bilden Synthesen. Für all diese Tätigkeiten werden eine Vielzahl an Algorithmen benötigt, aber auch ein hohes Maß an Kreativität.

Kreatives Potential ist eine unerschöpfliche Ressource und verstärkt, ob bewusst oder unbewusst, den Einfallsreichtum, aber auch Wissen, Erfahrungen und Verständnis. Kreatives Denken und Handeln fördern die Persönlichkeitsentfaltung, denn sie machen innovativ, motivieren die Menschen und führen zu Selbstverwirklichung und Erfolgserlebnissen, wodurch das Individuum Zufriedenheit und Erfüllung finden kann. Wissenschaftliche Studien belegen einen positiven Zusammenhang von Kreativität und der schulischen Leistung (Krähenbühl, 2017). Daher ist Kreativität nicht nur für Wissenschaftlerinnen und Wissenschaftler eine wichtige Ressource, sondern auch für Studierende. Eine Aufgabe der universitären Ausbildung sollte es daher sein, kreatives Denken und Handeln gezielt zu fördern.

Kreativität ist mittlerweile eine der Voraussetzungen, die in fast jeder Stellenbeschreibung gefordert wird. Gemeint ist dabei nicht die Kreativität im künstlerischen Bereich, so wie beispielsweise eine musikalische oder zeichnerische Begabung, sondern eine kreative Denkweise und kreatives Verhalten. Qualitativ gute Leistungen allein reichen in unserer erfolgsorientierten Gesellschaft nicht aus. Die Menschen müssen durch Originalität überzeugen und benötigen mehr denn je zuvor die Fähigkeit, kreativ zu denken, um mit vielfältigen, völlig neuartigen Problemen fertigzuwerden. Das Ausbrechen aus gewohnten Denkmustern ist in jedem Fachbereich notwendig, um sich von einer gewöhnlichen Arbeitsweise positiv abzuheben und gleichzeitig Probleme auf andere Art zu lösen, innovativ zu sein und neue Erkenntnisse zu gewinnen.

Für den Fortschritt der Fachbereiche, den persönlichen Arbeitskontext und die individuelle Weiterentwicklung ist Kreativität somit von substantieller Bedeutung. Zugleich sollte Kreativität in der Bildung und damit im Lehralltag mehr Beachtung finden. Kreatives Denken und Handeln fördert die Entwicklung der Studierenden, was nicht nur hilfreich für die komplexen Anforderungen des Studienalltages ist, sondern auch für das spätere Berufsleben. Hierbei sind eine kreative Haltung und ein Repertoire an Kreativitätstechniken förderlich.

Dieses Buch soll verdeutlichen, wie kreatives Denken und Handeln beim wissenschaftlichen Arbeiten und Lehren systematisch zu nutzen ist. In diesem Buch werden zwei Perspektiven betrachtet: „Inwiefern kann mich kreatives Agieren beim wissenschaftlichen Arbeiten unterstützen?" und „Inwiefern können wir im Lehrkontext das kreative Potential der Studierenden anregen?"

Zunächst werden theoretische Hintergründe zu dem Phänomen „Kreativität" beschrieben (Kapitel 2). In Kapitel 3 wird behandelt, welche Aspekte eine kreative Haltung ausmachen und wie wir im Hochschulkontext allein mit unserer Haltung als Ressource kreativer agieren können. Generelle Voraussetzungen für das Arbeiten mit

Kreativitätstechniken werden in Kapitel 4 aufgeführt. Es gibt mittlerweile eine Vielzahl an Kreativitätstechniken, die in der Hochschule eingesetzt werden kann. In den Kapiteln 5 bis 8 wird eine Auswahl an Methoden dargestellt, die sich für das wissenschaftliche Arbeiten und die Arbeit mit Studierenden eignen. Aufwärm- und Antiblockade-Techniken werden in Kapitel 5 behandelt, Methoden zur Analyse von Problemen in Kapitel 6. Das Kernstück der kreativen Arbeit, nämlich das Anwenden von Ideenfindungstechniken, wird in Kapitel 7 erläutert. Zur abschließenden Auswahl geeigneter Lösungen unterstützen Bewertungstechniken in Kapitel 8. Für jede Methode wird Bezug zur Praxis hergestellt und anschauliche Anwendungsmöglichkeiten aufgezeigt, in welcher Form die jeweilige Methode einzusetzen ist. Abschließend wird in Kapitel 9 ein Resümee für das kreative Arbeiten an Hochschulen gezogen.

2 Kreative Theorie

Im Hochschulkontext stehen Wissenschaftlerinnen, Wissenschaftler, Lehrende und Studierende häufig vor Problemen, für die es keine Patentlösung gibt, sondern die sie kreativ angehen müssen. Sie sehen sich in ihrem universitären Alltag ständig vielfältigsten Problemstellungen gegenüber, mit denen sie kreativ umgehen müssen: „Mit welchem Studiendesign kann ich meine Forschungsfrage bestmöglich beantworten?", „Wie interpretiere ich meine Ergebnisse und stelle den Bezug zur Theorie dar?", „Wie motiviere ich die Studierenden in meiner Lehrveranstaltung für das Thema?" oder „Wie gestalte ich in meinem Seminar aktive Lernprozesse?" um nur einige exemplarische Fragestellungen zu nennen. Kreatives Denken und kreatives Handeln ist also in vielen Situationen unabdingbar.

Jeder kann auf sein kreatives Potential einen gewissen Einfluss nehmen und Probleme kreativ angehen. Für ein tieferes Verständnis der Wirkungsweise kreativen Handelns werden in diesem Kapitel grundlegend anerkannte Modelle und Wirkzusammenhänge vorgestellt, die in der Kreativitätsforschung besondere Beachtung gefunden haben.

Doch nicht jedes Problem bedarf kreativer Lösungen. Zunächst wird dargestellt, inwiefern sich kreative Probleme von „normalen" Problemen unterscheiden.

2.1 Von Aufgaben, Routineproblemen und kreativen Problemen

Benötigen wir bei jeder Handlung Kreativität? Nicht unbedingt, denn viele Aufgaben lassen sich auch ohne Kreativität lösen. Nämlich immer dann, wenn ein Ausgangszustand definiert ist, ein gewünschter Zielzustand und Teilschritte existieren, wie dieser Zielzustand zu erreichen ist. Sind sowohl der Zielzustand als auch die einzelnen Teilschritte klar, so spricht man von einer Aufgabe, z.B.:

Eine Lehrperson bucht im Raumbuchungskalender ihren favorisierten Seminarraum für ihre Lehrveranstaltung. Sind Teile des Weges von dem Anfangszustand zu dem erwünschten Ziel unklar oder ist das Ziel selbst nicht bekannt, so findet ein Problemlöseprozess statt.

In der Problemlöseforschung werden zwei Arten von Problemen unterschieden: Routineprobleme und kreative Probleme. Bei Routineproblemen aktiviert der Problemlöser einen Plan, der für ihn bereits bekannt ist, der Zielzustand ist klar. Folgen wir dem obigen Beispiel und der gewünschte Seminarraum ist bereits ausgebucht, so löst die Lehrperson dieses Routineproblem, indem sie entweder einen anderen Raum bucht oder einen alternativen Termin anvisiert, an dem der Raum frei ist.

Bei kreativen Problemen sind häufig sowohl der erwünschte Zielzustand als auch die Mittel, wie dieser erreicht werden kann, nicht bekannt. Typisch für ein kreatives Problem im Vergleich zu einem Routineproblem ist laut Sonnenburg (2007) die offenere und komplexere Fragestellung, eine eher heuristische Vorgehensweise, bei der Lösungswege erst entwickelt werden müssen, sowie eine höhere Relevanz der Qualität der Lösung. In unserem Beispiel könnte die Lehrperson den Wunsch haben, dass in ihrer Lehrveranstaltung alle Studierenden eine Projektarbeit in der Kleingruppe anfertigen. Unklar ist für die Lehrperson jedoch, wie sie dies von den Raumanforderungen her bewerkstelligen kann.

Nun liegt es in der Regel an der Erfahrung und dem Vorwissen jedes Einzelnen, ob eine Fragestellung als problematisch empfunden wird oder als Aufgabe systematisch abgearbeitet werden kann. Was für die einen ein Problem darstellt, kann für andere eine einfache Aufgabe sein, wenn Strategien und Wege bekannt sind, wie das Problem zu lösen ist. Die Unterscheidung zwischen Aufgaben, Routineproblemen und kreativen Problemen hängt also von der Erfahrung der Problemlösenden ab und nicht vom Problem selbst.

2.1 Von Aufgaben und kreativen Problemen

Unser Gehirn lernt von Kindheit an gewisse Schemata, anhand derer wir uns in der Welt zurechtfinden können. Diese Schemata, einmal gelernt, laufen immer nach dem gleichen Prinzip ab. Kreativität ist dann angebracht, wenn wir für ein Problem noch kein Vorgehensmuster kennen und dieses erst von uns zu elaborieren ist. Kreativ zu denken bedeutet von gespeicherten Standardmustern abzuweichen, das gewohnte Denken zu unterlassen, die Welt aus einem anderen Blickwinkel und von einem ungewohnten Standort aus zu betrachten. Dadurch stellen wir erlernte Muster, routinierte Prozesse und Abläufe in Frage und überprüfen, ob es bessere Alternativen gibt. Kreativität wird freigesetzt und wir erschaffen sozusagen neue (Denk-)Wege.

‚Erschaffen' und ‚erzeugen' sind zwei Übersetzungsvarianten des lateinischen Wortes ‚creare', von dem der Begriff ‚Kreativität' abstammt. Eine Erfindung oder Idee wird dann als kreativ bezeichnet, wenn sie neu ist, eine gewisse Einmaligkeit beinhaltet oder sehr selten ist. Außerdem sollte die neu erfundene Idee Sinn haben, also nützlich sein und an die Realität angepasst sein. Kreativität ist überall und auf unterschiedlichste Weise zu entdecken:

„Kreativität ist die Fähigkeit von Menschen Kompositionen, Produkte oder Ideen gleich welcher Art hervorzubringen, die in wesentlichen

Merkmalen neu sind und dem Schöpfer vorher unbekannt waren. Sie kann in vorstellungshaftem Denken bestehen oder in der Zusammenfügung von Gedanken, wobei das Ergebnis mehr als eine reine Aufsummierung des bereits Bekannten darstellt. Kreativität kann das Bilden neuer Muster und Kombinationen aus Erfahrungswissen einschließen und die Übertragung bekannter Zusammenhänge auf neue Situationen ebenso wie die Entdeckung neuer Beziehungen. Das kreative Ergebnis muss nützlich und zielgerichtet sein und darf nicht in reiner Fantasie bestehen – obwohl es nicht unbedingt sofort praktisch angewendet zu werden braucht oder perfekt und vollständig sein muss. Es kann jede Form des künstlerischen oder wissenschaftlichen Schaffens betreffen oder prozesshafter oder methodischer Natur sein." (zitiert nach Drevdahl, 1956, S. 24)

Kreativ zu denken und zu handeln ist somit die Fähigkeit ein Produkt (in welchem Bereich auch immer) hervorzubringen, das neu und nützlich ist. Der Begriff „Produkt" ist dabei als ein Oberbegriff zu verstehen, der Produkte im engeren Sinne (z.B. eine wissenschaftliche Arbeit oder eine neue Erfindung) umfasst, aber auch im abstrakten Sinne, wie beispielsweise Ideen, Theorien und Handlungen. Das Entstehen kreativer Produkte wird in der Kreativitätsforschung mit dem kreativen Prozess beschrieben.

2.2 Der kreative Prozess

Der kreative Prozess beschreibt den idealtypischen Verlauf des kreativen Denkens. Der französische Mathematiker Henri Poincaré benannte bereits 1913 vier Stufen des kreativen Prozesses, die 1926 von Graham Wallas übernommen und seither von vielen Wissenschaftlerinnen und Wissenschaftlern beibehalten wurden: Präparation, Inkubation, Illumination und Verifikation.

Präparation: Das Problem unter die Lupe nehmen

Die erste Stufe des kreativen Prozesses ist die Präparation, die Orientierungsphase, in der sich die Lösungssuchenden für das Problem sensibilisieren. Das Ziel dieser Phase ist es, das Problem zu analysieren und zu definieren. Der Problemkern wird identifiziert, vorhandenes Wissen rekapituliert, Zusammenhänge geprüft. Diese Stufe ist so wichtig, da zielloses Probierverhalten und intuitive Einfälle allein selten eine zufriedenstellende und qualitative hochwertige Problemlösung schaffen. Häufig können wir erst dann brauchbare Assoziationen bilden, wenn wir das Problem tief durchdrungen haben. Eine intensive initiale Auseinandersetzung mit der Problemstellung wird auch als „prepared-mind"-Perspektive bezeichnet (Seifert et al., 1995, S. 69). Der Begriff verdeutlicht die hohe Relevanz einer intensiven Präparationsphase. Je genauer wir in der Präparationsphase arbeiten, desto müheloser werden wir später eine problemadäquate Lösung generieren können.

Inkubation: Abstand vom Problem nehmen

Die zweite Phase nennt sich Inkubation, die Verarbeitungs- und Reifephase. Die Inkubation ist im medizinischen Verständnis die Zeitspanne zwischen dem Anstecken durch einen Virus und dem Auftreten der Krankheit. Analog dazu ist sie im kreativen Problemlöseprozess eine Phase zwischen der intensiven Präparationsphase und der Lösungsfindung. Sicherlich kennen Sie die Situation, dass Sie bei einem Problem stocken und nicht weiterkommen. Zu einem späteren Zeitpunkt und nach einem gewissen Abstand, vielleicht etwa am nächsten Morgen unter der Dusche, können Sie jedoch viel müheloser mit diesem Problem umgehen und Lösungen produzieren, die Sie vorher gar nicht erkennen konnten. In der Inkubationsphase legen wir das Problem beiseite:

18 2 Kreative Theorie

„Inkubation bezieht sich auf einen Anstieg der Wahrscheinlichkeit, ein Problem dadurch erfolgreich zu lösen, dass man eine Ruhepause einlegt, und zwar zwischen der Periode der anfänglichen intensiven Beschäftigung mit dem Problem und der späteren Periode bewusster Bemühungen, die endgültige Lösung zu finden" (zitiert nach Posner, 1976, S. 269).

In der Inkubationsphase müssen keine aktiven Problemlöseversuche unternommen werden und dennoch können neue Lösungsansätze entstehen. Die Tatsache, dass der Abstand von dem Problem den kreativen Prozess beflügelt, erklärt die Kognitionswissenschaft so, dass trotz der inaktiven Lösungssuche weiterhin eine Form geistiger Informationsverarbeitung abläuft. Die Inkubationsforschung belegt, dass in der Phase der Pause – auch wenn es keine Pause im eigentlichen Sinn ist, sondern vielmehr die Beschäftigung mit anderen Themen – mehr als „nichts" passiert. Fünf unterschiedliche Wirkmechanismen führen dazu, dass Inkubationspausen zur Lösungsfindung beitragen.

(1) *Pausen machen wieder fit.* Langes intensives Nachdenken über ein Problem kann sehr ermüdend sein. In Inkubationsphasen beschäftigen wir uns mit anderen Dingen. Diese Abwechslung wirkt inhaltsbezogenen Ermüdungserscheinungen entgegen. Nach einem gewissen Abstand erhöht sich bei Problemlöseprozessen die Wahrscheinlichkeit, die Inhalte wieder aufmerksamer zu verarbeiten. Diesen Effekt kennen wir auch von Lernprozessen. So ist mehrmaliges Lernen kleinerer Portionen effektiver als eine einmalige Sitzung, in der der gesamte Stoff erlernt wird. Nach einer Pause wird ein Themenkomplex einerseits unter einer anderen Perspektive betrachtet, andererseits fördern wir dadurch eine tiefere Verarbeitung der Problemaspekte.

2.2 Der kreative Prozess

(2) Unabsichtliche Blitzeinfälle fliegen zu. Wenn uns ein Problem sehr beschäftigt, dann denken wir auch in Ruhezeiten immer wieder daran, ohne dies extra zu forcieren. Wir erinnern uns unabsichtlich an das Problem. Dieses bewusste meist sehr kurze Nachdenken wird zwar häufig vergessen. Jede erneute Aktivierung des Problems kann jedoch positive Effekte auf das Erkennen neuer Zusammenhänge haben.

(3) Unbewusste Prozesse arbeiten für uns weiter. In einer Inkubationsphase laufen unbewusste Denkprozesse ab. Denkpfade und Wissensnetzwerke werden unbewusst aktiviert und restrukturiert. Vorher deaktivierte Wissenselemente, die zu einer späteren Lösungsfindung beitragen, können durch diese unbewussten Prozesse aktiviert werden. Unbewusste Denkvorgänge haben keine bestimmte Richtung. Wenn Ideen nicht mehr bewusst gesteuert werden, folgen sie den Gesetzen der Assoziation. Je stärker die Elemente assoziativ umgeordnet werden, desto kreativer ist der Prozess.

(4) Blockaden werden aufgehoben. Einer der Hauptstolpersteine bei der Problembearbeitung sind kognitive Fixierungen, die in der Präparationsphase entstehen. In diesen Fällen haben sich Wissensstrukturen aufgebaut, die für die Lösungsfindung nicht hilfreich sind und diese blockieren.

> *„Incubation refers to cases in which a problem is set aside temporarily after an initial impasse is reached. The problem can then be solved more easily when attention is returned to it, or a solution may suddenly burst into the problem solver's awareness even without intentionally returning to the problem" (zitiert nach Finke et al., 1992, S.149).*

Beschäftigt sich eine Person mit einer Problemstellung, so aktiviert die initiale Repräsentation des Problems potentiell nützliche Wissenselemente, die einen möglichen Lösungsraum eröffnen. Enthält dieser initiale Lösungsraum keine passende Lösung, mündet die Lösungsfindung in eine Sackgasse und eine Fixierung entsteht. Problemlöser können aufgrund von früheren Erfahrungen oder gelernten Mustern fixiert sein und Annahmen bilden, die eine

Problemlösung behindern. In einer Pause bzw. durch den Abstand vom Thema nehmen dysfunktionale Wissensstrukturen ab, die Fixierungen werden deaktiviert bzw. sozusagen vergessen. Bei einer erneuten Auseinandersetzung mit dem Problem bauen sich Wissensstrukturen neu auf und zuvor blockierte Lösungselemente können leichter aktiviert werden.

(5) *Umwelteinflüsse geben Lösungsimpulse.* In der Präparationsphase werden wir automatisch für Aspekte sensibilisiert, die das Problem betreffen. Aufgrund dieser inhaltlichen Sensibilisierung übertragen wir Impulse aus unserer Umwelt auf unser Problem. So beobachten wir beispielsweise auf einem Waldspaziergang ein Eichhörnchen, wie es spiralförmig um einen Baum herum in die Krone hochflitzt. Aufgrund dieses Impulses fällt uns beispielsweise zu einer anstehenden Seminarsitzung ein, dass wir von unseren Studierenden einen Themenbereich von der Wurzel bis zur Detailspitze unter allen Perspektiven rundherum betrachten lassen sollten. In der Inkubationsphase lösen Reize aus der Umgebung kognitive Verarbeitungsprozesse aus und wir übertragen diese Reize bewusst und unbewusst auf das bestehende Problem, was zu neuen Erkenntnissen führt.

Aufgrund dieser fünf Prozesse führt eine Inkubationsphase zu vielen verschiedenen Lösungsansätzen und zum Erkennen von Einsichten. Spannende Forschungen versuchen Inkubationseffekte seit vielen Jahrzehnten wissenschaftlich zu belegen: Experimentelle Studien zur Inkubationsforschung vergleichen in der Regel zwei Gruppen bei der Bearbeitung eines Problems. Eine Kontrollgruppe arbeitet kontinuierlich an dem Problem, eine Versuchspersonengruppe legt das Problem nach einer anfänglichen Präparationsphase für eine gewisse Zeit beiseite und legt damit eine Inkubationspause ein. Nach dieser vorgegebenen Zeit darf sich die Versuchspersonengruppe wieder mit dem Problem beschäftigen. Die Gesamtzeit der Beschäftigung mit dem Problem ist für beide Gruppen gleich lang. Am Ende der Untersuchung werden die Anzahl der Lösungen gezählt. Mit solchen oder ähnlichen Studiendesigns versuchen Forschende konkrete Einflussfaktoren von Inkubationsphasen zu untersuchen.

Sio & Ormerod (2009) bezogen in einer Meta-Analyse 117 Inkubationsstudien mit ein. Mehr als 75% der Studien konnten nachweisen, dass eine Inkubationsphase einen positiven Einfluss auf die Problemlösung erzielt (z.B. Browne & Cruse, 1988; Dreistadt, 1969; Fulgosie & Guilford 1968; Kaplan & Davidson, 1989; Lubart 2000-2001; Olton & Johnson, 1976; Penney et al., 2004; Smith & Blankenship, 1991; Wells, 1996). Die Autoren der Meta-Analyse identifizierten positive Inkubationseffekte mit einer durchschnittlichen Effektstärke von d = 0.32. Inkubationsphasen haben also keine geringe Auswirkung auf die Problemlösung.

Wells (1996) führte eine Untersuchung durch, in der Wissenschaftlerinnen und Wissenschaftler von ihren Strategien in kreativen Schreibprozessen berichteten. Über die Hälfte der Befragten erwähnten als Strategie, das Problem absichtlich beiseite zu legen. Wells bezeichnet diese Strategie als „forced incubation" (Wells, 1996, S.407). Seine Ergebnisse zeigen, dass die Kreativität signifikant mit der Strategienutzung der forcierten Inkubation korrelierte.

Vertiefungsbox 1:
„Emotionen in der Inkubationsphase"

Amabile et al. (2005) untersuchten Inkubationseffekte im realen Arbeitskontext. Sie stellten sich die Frage, ob eine positive Stimmung zu einer wirkungsvolleren Inkubationsphase führt. Zur Untersuchung dieser Fragestellung erhoben sie die emotionale Gestimmtheit der Probanden an mehreren Arbeitstagen sowie die kreative Leistung der Arbeit. Sie fanden heraus, dass eine Inkubationsphase in positiver Stimmung zu kreativeren Gedanken im Job am darauffolgenden Tag führt. Positive Emotionen in der Inkubationsphase scheinen eine spätere Lösungsfindung also zu begünstigen.

Amabile et al., 2005

Auf eine wirksame Inkubationsphase ist letztendlich nur dann zurückzuschließen, wenn der Problemlöser eine Einsicht gewonnen hat oder ein kreatives Ergebnis präsentieren kann. Dies geschieht in der sogenannten Illumination, der dritten Phase des kreativen Prozesses.

Illumination: Ideen sprudeln

Die Illumination ist die Erkenntnisphase, in der die Lösungen einfallen bzw. die plötzliche Einsicht gewonnen wird. Als Einsicht wird in der Kreativitätsforschung neu konstruiertes Wissen bezeichnet, das häufig ohne bewusste Beschäftigung mit dem Gegenstand bzw. dem Problem plötzlich in das Bewusstsein tritt. Häufig erscheint die Lösung so überraschend und zufällig, weil die Inkubationsphase zumeist im Unbewussten abläuft. Topolinski & Reber (2010) beschreiben, dass Illuminationen von einer positiven emotionalen Verfassung begleitet werden. Das Gewinnen von Erkenntnissen sowie das Generieren von kreativen Ideen geht mit einer gewissen Leichtigkeit sowie einem Gefühl der Zuversicht, dass die Einsicht richtig ist, einher. Eine Illumination ist somit ein plötzlich, mit einer gewissen Leichtigkeit erworbenes, neues Wissen, das durch Umstrukturierung von bereits bestehenden Wissensstrukturen entsteht. Wie großartig ist es, wenn diese Effekte plötzlich beim wissenschaftlichen Arbeiten oder studentischen Lernen eintreten!

Verifikation: Die Kür der Besten

Die Verifikationsphase ist die vierte Stufe des kreativen Prozesses. Hier wird die Idee getestet und umgestaltet, bis sie für die kreative Person und die Umwelt angemessen ist. Lösungen werden ausgewählt, umgesetzt und auf Wirksamkeit geprüft. Bei der Bewertung treten häufig verinnerlichte Kriterien, die wir aus unseren Fachkulturen kennen, in den Vordergrund. Hinzu kommt, dass ein kreatives Produkt letztendlich  anderen vermittelt werden muss. Mit der Publikation einer Idee wird die Kommunikation zwischen dem Schaffenden, dem Werk und der sozialen Umwelt eröffnet. Das Kommunizieren des kreativen Produkts ist eine Art Realitätstest, denn nach der selbständigen Bewertung soll nun die Anerkennung durch eine Gruppe erfolgen. Das bedeutet auch, dass die Kreativität von Projektarbeiten der Studierenden von der Beurteilung der Lehrenden und ihrer Kommilitonen abhängt (vgl. Vertiefungsbox 2).

> **Vertiefungsbox 2:**
> **„Bewertung von Kreativität"**
>
> Wie kreativ ein Produkt ist, kann theoretisch anhand von Maßstäben beurteilt werden. Das Problem dabei ist, dass keine allgemeingültigen objektiven Bezugsgrößen existieren, mit denen sich ein Produkt letztendlich auf seinen kreativen Gehalt prüfen lässt. Aus diesem Grunde hebt der Psychologe Mihaly Csikszentmihalyi (1997) die Bedeutung der Gemeinschaft hervor, die mitentscheidet, wie kreativ eine Idee ist. Die Bewer-

tung einer größeren Gruppe spielt eine große Rolle dabei, ob ein Produkt als kreativ beurteilt wird oder nicht. Die kreative Evaluation findet somit…

> *„… nicht im Kopf des Individuums statt, sondern in der Interaktion zwischen dem individuellen Denken und einem soziokulturellen Kontext. Sie ist eher ein systemisches denn ein individuelles Phänomen" (zitiert nach Sonnenburg, 2007, S. 29).*

Das Modell der vier Phasen des kreativen Prozesses, Präparation, Inkubation, Illumination und Verifikation, ist eine idealtypische Beschreibung. Der kreative Prozess verläuft nicht unbedingt linear, sondern interagiert auf verschiedenen Ebenen der Informationsverarbeitung dynamisch. Natürlich vertiefen wir uns regelmäßig in Probleme und beantworten kreative Fragestellungen, ohne uns jedes Mal der Phasen bewusst sein zu müssen. Je komplexer ein Problem ist, desto hilfreicher ist jedoch die Reflexion dieser Phasen. Wie viel kreatives Potential wir in einem kreativen Prozess entfalten, wird maßgeblich von der persönlichen Haltung beeinflusst, worauf im folgenden Kapitel detailliert eingegangen wird.

3 Die persönliche kreative Haltung

Was genau kennzeichnet unseren Grad der Kreativität? Viele Kreativitätsforscherinnen und -forscher haben sich mit spezifischen Persönlichkeitsmerkmalen kreativer Menschen befasst und sind überzufällig auf gleiche Ergebnisse gestoßen: Besonders kreative Personen zeigen stabile Eigenschaften wie beispielsweise eine hohe Spontanität, Neugier, Offenheit für Erfahrungen und Nonkonformität (Amabile & Conti, 1999; Csikszentmihalyi, 2010; George & Zhou, 2001). Kreativitätshemmend wirken sich hingegen feste ideologische Grundsätze und ein stark konformes Verhalten aus (Runco, 2014). Die Risikobereitschaft sinkt, wenn aus einem Sicherheitsbedürfnis heraus der Hang zu rigidem Denken entsteht.

Dennoch ist es unzulässig anzunehmen, dass jede kreative Person einen konstanten Satz an bestimmten Persönlichkeitsmerkmalen aufweisen muss: *„Entscheidend ist nicht die Frage ‚Wie kreativ bin ich?‘, sondern ‚Wie bin ich kreativ?‘"* (zitiert nach Howard Gardner, 1999). Jeder kann zu seinem kreativen Potential etwas beitragen und es beeinflussen. Die Haltung bzw. Einstellung einer Person in Bezug auf Kreativität wirkt sich auf ihr kreatives Denken und Handeln aus: *„creative insight requires a specific attitude in addition to cognitive abilities"* (zitiert nach Sternberg & Lubart, 1995, S. 535). Die Haltung determiniert, wie eine Person Ereignisse, Konzepte und Menschen bewertet. Persönliche Einstellungen und Wertevorstellungen wirken kreativitätsfördernd oder -hemmend. Während Persönlichkeitsmerkmale relativ stabil

und zeitüberdauernd sind, kann sich die persönliche Haltung von Tag zu Tag unterscheiden. Durch unsere Gedanken können wir direkt Einfluss auf unsere Haltung nehmen.

Die folgenden fünf Abschnitte beschreiben, welche Aspekte tendenziell mit einer kreativitätsförderlichen Haltung einhergehen: indem wir vielseitig Informationen aufnehmen, divergent denken, in positiver Stimmung kreativ arbeiten, Flowerleben begünstigen und Inkubationsphasen praktizieren.

3.1 Vielseitig informieren: Wissen flexibel anwenden

Kreative Lösungen für Probleme zu finden bedeutet adäquate und gleichzeitig ungewöhnliche Assoziationen zu bilden. Vielseitiges Wissen steigert die Anzahl an Assoziationen, die in kreativen Problemlöseprozessen potentiell aktiviert werden können. Fachwissen bzw. fachspezifische Fähigkeiten, spezielle technische Kenntnisse und Wissen über Theorien sind für das Problemlösen in den jeweiligen Fachbereichen eine entscheidende Voraussetzung. Viel Wissen bedeutet, dass uns eine große Datenmenge an Assoziationen bzw. Lösungsmöglichkeiten zur Verfügung steht.

Umfangreiches Fachwissen und eine sehr starke Konzentration auf die Lösungsfindung können jedoch auch kognitive Schranken verursachen. Vorwissen und erlernte Muster können einen blockierenden Effekt auf die Ideenfindung haben. Bereits gewonnene Erfahrungen verfestigen implizite Annahmen und verursachen konventionelle, typische Denkansätze. Wenn das Verwenden bekannter Wissensschemata das Denken auf eine bestimmte Richtung fixiert, wird das Durchbrechen dieser Denkschemata erschwert und das kreative Potential beeinträchtigt. Vorhandenes Wissen sollte daher nicht rigide verwendet werden, *„while it is possible to have ‚too many algorithms,' it is not possible to have too much knowledge"* (zitiert nach Amabile, 1996, S.87). Gepaart mit einer großen Flexibilität und einer gewissen Ambiguitätstoleranz, also dem Aushalten von Unsicherheit, nützt eine breite Wissensbasis in kreativen Prozessen.

So wenden Forschende und Lehrende Wissen flexibel an

Eine breite Allgemeinbildung ist für die Kreativität von Nutzen, was für das Konsumieren aktueller Nachrichten, Hintergrundberichte und Dokumentationen spricht. Je mehr unterschiedliche Wissensbereiche Sie ansatzweise kennen, desto leichter fällt es Ihnen, in kreativen Prozessen vielseitige Assoziationen zu bilden. Lesen Sie zu Ihrer Thematik viele unterschiedliche Quellen, berücksichtigen Sie benachbarte Domänen und interdisziplinäre Ansätze. Hinterfragen Sie kritisch bereits etablierte Vorgehensweisen. Wenden Sie Ihr Expertenwissen flexibel an und brechen Sie bewusst aus festgefahrenen Wissensstrukturen aus. Bleiben Sie offen, neugierig, ambiguitätstolerant und halten Sie „Lösungslosigkeit" aus.

Übertragen Sie diese Haltung auch auf die Arbeit mit Ihren Studierenden. Fordern Sie die Studierenden auf, sich selbstständig in Themenbereiche zu vertiefen und dabei verschiedenste Quellen zu nutzen. Fördern Sie in Ihren Lehrveranstaltungen das Frageverhalten der Studierenden, unterstützen Sie selbst-initiiertes Fragen und Lernen. Stellen Sie offene Fragen, bei denen die Antworten nicht vorgefertigt sind. Schaffen Sie Situationen, die kreatives Denken und Handeln anregen. Stellen Sie Aufgaben, deren Lösung nicht fest definiert ist. Wählen Sie Lernaufgaben aus, die eine breite und differenzierte Wissensbasis erfordern, um den Wissensdurst der Studierenden zu fördern.

Tabelle 1: Vielseitig informieren und Wissen flexibel anwenden

So wenden Forschende und Lehrende Wissen flexibel an
• Allgemeinbildung fördern, aktuelle Nachrichten, Hintergrundberichte und Dokumentationen konsumieren. • Unterschiedliche Quellen, auch interdisziplinär recherchieren. • Etablierte Vorgehensweisen kritisch hinterfragen. • Offen und neugierig bleiben. • Selbständiges Lernen der Studierenden unterstützen. • In Lehrveranstaltungen offene Fragen stellen. • Aufgaben stellen, die eine breite Wissensbasis erfordern.

3.2 Divergent denken: Absichtlich die Richtung wechseln

Als einer der ersten Kreativitätsforscher untersuchte J.P.Guilford bereits in den 1950er Jahren intellektuelle Vorgänge. In seinem Intelligenzmodell differenzierte er Kreativität von Intelligenz, indem er der Kreativität divergente Denkprozesse und der Intelligenz konvergente Denkprozesse zuordnete. Konvergentes Denken strebt genau eine Lösung an, divergentes Denken wechselt beim Problemlösen die Richtung und strebt viele verschiedene Lösungen an. Divergierendes Denken wird häufig als Synonym für kreatives Denken verstanden, doch *„sowohl divergierendes als auch konvergierendes Denken [ist] für den kreativen Akt unbedingt erforderlich"* (zitiert nach Ulmann, 1968, S.48). Beide Denkstile stehen sich demnach nicht dichotom gegenüber, denn auch konvergentes Denken, das für das Ordnen, Strukturieren und Bewerten von Informationen zuständig ist, ist im kreativen Prozess notwendig.

Charakteristisch für das divergente Denken sind laut Guilford die Denkstile Problemsensibilität, Gedankenflüssigkeit, Flexibilität, Originalität, Neudefinition, Analyse, Synthese und Elaboration.

(1) *Problemsensitivität* ist die Fähigkeit Probleme wahrzunehmen und zu erfassen. Nur wenn wir Probleme erkennen, können wir sie kreativ lösen.

(2) Die *Gedankenflüssigkeit* determiniert die Menge der produzierten Ideen und wird auch als Einfallsreichtum bezeichnet. Häufig wird die Fähigkeit zur flüssigen Ideenproduktion als Indikator für das kreative Potential gesehen. Dies allein ist jedoch nicht ausreichend.

(3) *Flexibilität* beschreibt die Fähigkeit, beim Produzieren von Ideen die Kategorie, sprich die Richtung zu wechseln. Flexibel denken Sie beispielsweise, wenn Sie die Interpretation der Ergebnisse Ihrer Forschung nicht nur auf eine Theorie beziehen, auf eine Zielgruppe oder eine praktische Anwendbarkeit, sondern eben in unterschiedliche Richtungen mit verschiedenen Perspektiven denken und dadurch möglichst viele Bereiche abdecken.

(4) *Originell* ist eine Person, wenn sie einmalige Einfälle kreiert, die in einer bestimmten Population nur selten auftauchen. Originelle Assoziationen sind Verknüpfungen, die sehr entfernte neuronale Netzwerke miteinander verbinden.

(5) *Neudefinition* bedeutet die Reorganisation oder Umstrukturierung von bekannten Elementen zu neuen Einheiten bzw. neuen Funktionen. Was können Sie beispielsweise mit den Fragebögen Ihrer Studie noch Nützliches anfangen, damit sich die zeitaufwendige Erstellung richtig lohnt?

(6) *Analysefähigkeit* befähigt dazu, Dinge leicht in ihre einzelnen Komponenten zu zerlegen. Diese Fähigkeit ist gerade in der Präparationsphase erforderlich.

Umgekehrt verhält es sich mit dem Faktor *Synthese*. Er beschreibt die Fertigkeit, verschiedene Elemente zu neuen Systemen zu kombinieren.

(7) Elaboration meint, einen Plan detailliert ausarbeiten zu können, eine Fähigkeit, die wir bei jeder Forschungs- und Projektarbeit benötigen.

Die nach Guilford beschriebenen divergenten Denkstile werden beim wissenschaftlichen Arbeiten ständig angewandt. Problemsensibilität nützt beim Entdecken neuer Forschungslücken. Flüssigkeit ist beispielsweise hilfreich für die Interpretation von empirischen Befunden. Flexibilität benötigen wir um nach Vorträgen spontan auf unerwartete Fragen zu reagieren und thematisch unerwartete Zusammenhänge erklären zu können. Durch originelle Beispiele erhalten Lehrende die Aufmerksamkeit der Studierenden und fördern die Behaltensleistung. Um aus einer Fülle von Literatur relevante Elemente auszuwählen und zu einem stimmigen Theorieteil aufzubauen, wird der Denkstil der Neudefinition benötigt. Analysefähigkeit fördert das Identifizieren von Argumentationslücken. Für das Schreiben einer wissenschaftlichen Diskussion ist eine hohe Synthesefähigkeit notwendig. Das Verfassen einer stimmigen Gliederung der eigenen Arbeit gelingt nur mit einem hohen Maß an Elaborationsfähigkeit.

So fördern Forschende und Lehrende divergentes Denken

Jeder dieser verschiedenen divergenten Denkstile kann mit Antiblockade-Techniken (vgl. Kapitel 5) trainiert und gefördert werden. Tauschen Sie sich zudem regelmäßig mit anderen Menschen aus. Sprache und Sprechen beflügelt das divergente Denken und den kreativen Prozess, denn Sprache erfüllt zwei wichtige Funktionen: die Entlastungs- und die Problemlösungsfunktion. Vermutlich kennt jeder die Situation, wenn wir bei einem konkreten Problem blockiert sind und nicht mehr weiterwissen. Erläutern wir dieses Problem einem Mitmenschen, so fällt uns bereits bei der Erklärung plötzlich ein neuer Lösungsansatz ein. Beim Sprechen werden Wissensstrukturen reorganisiert und diese Reorganisation führt zu neuen Lösungswegen. Besprechen Sie Probleme nicht nur mit Kolleginnen und Kollegen, sondern auch mit fachfremden Personen. Gerade der interdisziplinäre Austausch oder die Unterhaltung mit Novizen fördert Perspektivenwechsel und ungewöhnliche Herangehensweisen.

Erwarten Sie auch von Ihren Studierenden divergentes Denken und fordern Sie dies ein. Erlauben Sie kritisches Hinterfragen. Verwenden Sie Metaphern, Vergleiche und Analogien, damit Studierende vielseitige Verknüpfungen bilden können. Betrachten Sie einen Lerngegenstand aus unterschiedlichen Perspektiven. Sagen Sie explizit, dass Kreativität wichtig ist und seien Sie ein kreatives Vorbild. Initiieren Sie kreative Prozesse, indem Sie kreative Projekte in Ihre Lehrveranstaltung einbinden. Seien Sie offen für neue Herangehensweisen und akzeptieren Sie ungewöhnliche Arbeits- und Lösungswege. Dadurch fördern Sie die Originalität und Flexibilität der Studierenden. Animieren Sie dazu, sich nicht mit dem erstbesten Lösungsweg zufriedenzugeben. Wertschätzen Sie jede Idee, auch verrückte Ideen. Lassen Sie sich überraschen, wie Studierende ihre Kreativität freisetzen und damit einen echten Mehrwert in Ihrem Seminar schaffen.

Tabelle 2: Divergent denken und absichtlich die Richtung wechseln

So fördern Forschende und Lehrende divergentes Denken
• Denkstile mit Antiblockade-Techniken trainieren.
• Mit anderen Personen austauschen und Probleme versprachlichen.
• Studierenden erlauben, kritisch zu hinterfragen.
• Lerngegenstände bildlich erläutern und aus unterschiedlichen Perspektiven betrachten.
• Studierenden kommunizieren, dass Kreativität wichtig ist.
• Ideen der Studierenden wertschätzen.

3.3 Positiv einstimmen: Lust auf Kreativität haben

Gut gelaunt geht uns vieles leichter von der Hand. Eine motivierte Haltung und positive Emotionen sind entscheidende Einflussfaktoren für kreatives Denken und Handeln.

Motivation bewirkt, dass wir kreative Prozesse überhaupt initiieren und aufrechterhalten. Interessiert uns das Problem wirklich und ist es uns wichtig, eine Lösung zu finden? Günstigere Voraussetzungen für kreative Leistung sind in der Regel eher dann gegeben, wenn eine Person durch die Aufgabe an sich, also intrinsisch motiviert ist, sich als selbstbestimmt wirksam erlebt und das Problem als ausreichend relevant empfindet.

Extrinsische Motivation, d.h. auf eine Belohnung aus zu sein, ist für den kreativen Prozess weniger förderlich. Die Forscherin Amabile (1985) fand in einer experimentellen Untersuchung signifikante Unterschiede beim Schreiben von kreativen Gedichten zwischen extrinsisch motivierten Versuchspersonen (geringere Kreativität) und intrinsisch motivierten Versuchspersonen (höhere Kreativität). Extrinsisch motivierte Personen fokussieren sich eher auf das Ziel, während intrinsisch motivierte Personen auch den Weg zum Ziel im Blick behalten. Daher besteht bei extrinsisch motivierten Personen die Tendenz dazu, die schnellste Option zur Erfüllung einer Aufgabe zu wählen. Intrinsische Motivation fördert eine gewisse Anstrengungsbereitschaft und Durchhaltevermögen. Intrinsisch motivierte Menschen bleiben also länger an der Problemlösung dran, sie wagen es, Risiken einzugehen und Aspekte zu beachten, die auf den ersten Blick für die Lösung nicht relevant erscheinen.

Auch die emotionale Verfassung wirkt sich in Problemlöseprozessen auf die kognitiven Verarbeitungsprozesse aus. Negative Emotionen, wie beispielsweise die Angst, Fehler zu machen oder Unsicherheit gepaart mit dem Bedürfnis, möglichst umgehend eine wirksame Lösung zu finden, sind typische kreativitätshemmende Gefühle. In der Problemlöseforschung wurde herausgefunden, dass Personen in positiver Stimmung kreativere Leistungen vollbringen. Außerdem führt eine positive Stimmung zu divergenterem Denken als eine neutrale oder negative Stimmung

(Estrada et al., 1994; Isen et al., 1987; Isen, 1999). Eine negative Stimmung bewirkt analytischere und detailliertere Denkweisen (Isen et al., 1987; Isen, 1999). Problemlösende in positiver Stimmung unternehmen ungewöhnlichere Überlegungen. Diese flexibleren Denkvorgänge führen im Allgemeinen auch zu originelleren Einfällen.

> **Vertiefungsbox 3:**
> **„Emotionen und Denkpotential"**
>
> In einer Studie verglichen Versuchspersonen verschiedene Probleme miteinander. Probanden in positiver Stimmung fanden eine höhere Anzahl an Ähnlichkeiten und Unterschieden, als Versuchspersonen in neutraler oder negativer Stimmung. Gut gelaunte Studienteilnehmende fanden zudem breitere Kategorien, wenn sie sich auf die Ähnlichkeit der Beispiele fokussierten und eine höhere Anzahl an Kategorien, wenn sie sich auf die Unterschiede der Beispiele fokussieren sollten. Die Autoren schließen aus ihren Ergebnissen, dass positive Affekte die kognitive Flexibilität fördern, wir also in positiver Stimmung mehr divergentes Denkpotential entfalten können.
> Murray et al., 1990

Forscher begründen die Befunde der Wirkung positiver Stimmung auf die Kreativität damit, dass der positive Affekt den Aufmerksamkeitsfokus erweitert. Dadurch ist ein breiteres kognitives Repertoire an Assoziationen zugänglich. Der Zugang zu ungewöhnlichen Assoziationen wird erleichtert, was zu einer höheren Anzahl an kreativen Einfällen führt. In positiver Stimmung fällt es uns leichter, zwischen einer breiten und einer fokussierten Aufmerksamkeit umzuschalten und verschiedene Perspektiven einzunehmen. Ein negativer Affekt kann zu Aufmerksamkeitsdefiziten und einer eingeengten Wahrnehmung führen. Eine positive Atmosphäre von Motivation und guter Laune ist demnach für die kreative Arbeit von hohem Nutzen.

So stellen Forschende und Lehrende eine positive Atmosphäre her

Hinterfragen Sie in kreativen Prozessen Ihre persönliche Motivation. Warum möchten Sie das Problem lösen? Wie wichtig ist Ihnen persönlich die Lösung? Sorgen Sie für positive Anreize, um eine intrinsische Motivation zu entwickeln. Bei einschneidenden Erlebnissen, die Sie emotional sehr treffen, vertagen Sie kreative Arbeiten wenn möglich. Erlauben Sie es sich in Momenten negativer Stimmungen, die Bearbeitung komplexer Problemstellungen zu verschieben.

Regen Sie zu Beginn eines neuen Themas Ihre Neugier sowie die Neugier der Studierenden an. Motivieren Sie sich und andere, zeigen Sie die Relevanz der Inhalte auf und wecken Sie Interesse für die Lerninhalte, beispielsweise mit einem realen Fall, dem Bezug zu aktuellen Nachrichten, einem thematisch passenden Bild oder einer Abstimmung, die mit dem Thema zu tun hat. Regen Sie die Zusammenarbeit der Studierenden untereinander an und initiieren Sie ihren Austausch. Dies ist äußerst förderlich für die Motivation. Geben Sie konstruktive Kritik und seien auch Sie offen für Feedback von Ihren Studierenden. Sorgen Sie in Ihren Lehrveranstaltungen für eine positive Lernatmosphäre, in der angstfrei gesprochen, gedacht und gearbeitet werden kann. Leben Sie eine Lehrkultur, in welcher Fehler erlaubt sind. Vermeiden Sie übermäßigen Leistungsdruck und Perfektionsanspruch, erlauben Sie spielerisches Ausprobieren.

Tabelle 3: Positiv einstimmen und Lust auf Kreativität haben

So stellen Forschende und Lehrende eine positive Atmosphäre her
• Persönliche Motivation hinterfragen. • Für positive Anreize sorgen. • In Momenten negativer emotionaler Verfassung kreative Sitzung vertagen. • Neugier und Interesse der Studierenden an den Lernthemen wecken. • In Lehrveranstaltungen eine konstruktive Feedbackkultur einführen. • In Lehrveranstaltungen für eine positive Lernatmosphäre sorgen.

3.4 Flow erleben: Raum für Kreativität schaffen

Wer liebt sie nicht: Momente, in denen wir voll und ganz in unserer Arbeit aufgehen, die Zeit und alles um uns vergessen: Wir sind im Flow. Personen im Flow empfinden sich als sehr glücklich und sie sind gleichzeitig hochaktiv. Der Flow ist ein *„Zustand des (selbst-)reflexionsfreien gänzlichen Aufgehens in einer glatt laufenden Tätigkeit"* (zitiert nach Rheinberg, 2006, S.153).

Der Begründer der Flowtheorie, Mihaly Csikszentmihalyi, nennt neun Kennzeichen des Flowerlebens:

(1) Personen im Flow wissen jederzeit und ohne nachzudenken, was als Nächstes zu tun ist. Im Flowprozess hat jeder Schritt ein klares Ziel.

(2) Im Flow erhalten wir ein unmittelbares Feedback auf das eigene Handeln. Wir wissen sozusagen, wie gut die Handlung ist, die wir gerade bewerkstelligen.

(3) Tätigkeiten im Flow sind herausfordernd. Es besteht eine optimale Passung zwischen den persönlichen Fähigkeiten und den Aufgabenanforderungen. Wir fühlen uns im Flow beansprucht und haben trotz hoher Anforderungen das sichere Gefühl, das Geschehen noch unter Kontrolle zu haben.

(4) Unter Flowerleben empfinden wir keine Versagensängste. Personen im Flow-Zustand kontrollieren ihre Handlung und erkennen die Zusammenhänge, die die jeweilige Handlung erfordert.

(5) Mühelos und ohne Anstrengung können wir uns im Flow auf die jeweilige Handlung konzentrieren. Der Handlungsablauf wird als glatt und fließend erlebt. Ein Schritt geht flüssig in den nächsten über.

(6) Wir sind vollkommen in unsere Tätigkeit vertieft. Sämtliche Kognitionen, die nicht unmittelbar für die momentane Handlung notwendig sind, werden ausgeblendet.

(7) Menschen gehen vollständig in der Handlung auf und erleben einen Zustand von Selbstvergessenheit. Das Selbst und die Tätigkeit verschmelzen sozusagen.

(8) Das Zeiterleben ist stark beeinträchtigt, Stunden vergehen wie Minuten.

(9) In Flowmomenten benötigen wir keine materiellen Anreize von außen. Wir führen die momentane Handlung um unserer selbst willen durch, ohne Belohnungen von außen erhalten zu müssen.

Menschen im Flow sind in höchstem Maße leistungsfähig, hochgradig intrinsisch motiviert und kreativ. Doch nicht in jeder Umgebung ist es möglich, in den Flow einzutauchen und kreativ zu arbeiten. Dies ist stark abhängig von sozialen und physischen Einflussfaktoren, die von unserer Umgebung und unserem Umfeld ausgehen:

Soziale Aspekte der Umwelt haben einen großen Einfluss auf unser kreatives Potential. So haben beispielsweise eine offene Gruppenatmosphäre, das Lob eines Vorgesetzten, ein positives Arbeitsklima, die Akzeptanz von Mitmenschen und ein moderater Zeitdruck einen kreativitätsfördernden Einfluss. Strenge Hierarchien, Routinen, Standardisierungen, Tabus, Rivalität, Stress und Erfolgsdruck hingegen bewirken Kreativitätshemmungen und können Denkblockaden auslösen.

**Vertiefungsbox 4:
„Kreativität und Zeitdruck"**

Die Forscher Baer & Oldham (2006) untersuchten den Zusammenhang von kreativen Leistungen im Arbeitskontext und Zeitdruck unter Berücksichtigung des Arbeitsklimas.

War das Arbeitsklima in ihrer Untersuchung kreativitätsförderlich, zeigte sich der Zusammenhang von Zeitdruck und kreativem Potential in Form von einer umgekehrten U-Funktion, d.h. die Beschäftigten waren unter einem moderaten Zeitdruck besonders kreativ. Sowohl gar kein Zeitdruck als auch zu viel Zeitdruck hemmten die Kreativität. In Umgebungen, die geprägt waren durch eine geringere Offenheit für Kreativität, nahm die kreative Leistung der Mitarbeiterinnen und Mitarbeiter mit zunehmendem Zeitdruck ab. Ein kreatives Arbeitsumfeld begünstigt demnach kreatives Arbeiten auch unter Zeitdruck.

Baer & Oldham, 2006

3 Die persönliche kreative Haltung

Physische Einflussfaktoren beziehen sich auf die lokale Umgebung. Generell gibt es keine allgemeingültigen Vorgaben wie *der* kreative Raum beschaffen sein soll. Die Umgebung sollte die Kreativität anregen, was beispielsweise ein kahler, leerstehender Raum eher nicht tut. Ungewöhnliche Gegenstände können als Reize wirken und entferntere Assoziationen auslösen. Csikszentmihalyi (1997) ordnet sogar jeder Phase des kreativen Prozesses eine andere Szenerie zu. Er empfiehlt für die Präparationsphase eine vertraute Umgebung, in der die Problemlöser ungestört und ohne Ablenkungen das Problem analysieren können. Ablenkungen und Lärm schränken nämlich nicht nur das Konzentrationsvermögen ein, sondern auch das kreative Denken. Ein ideenanregender Raum soll die Kreativen in der Inkubationsphase inspirieren. In der Verifikationsphase kann wiederum ein vertrauter Ort von Vorteil sein.

So ermöglichen Forschende und Lehrende Flow-Erleben

Csikszentmihalyi (2010) empfiehlt, sich klare Ziele zu setzen, um in den Flowzustand eintauchen zu können. Wie weit möchte ich bei meinem Projekt heute kommen? Welche Teilziele möchte ich erreichen? Abhängig davon ist ein angemessenes Schwierigkeitsniveau herzustellen, damit Fähigkeiten und Anforderungen im Gleichgewicht sind. Organisieren Sie sich Hilfsmittel so, dass Sie das Projekt bewältigen können. Daher ist eine realistische Einschätzung der eigenen Fähigkeiten hilfreich.

Gestalten Sie außerdem Ihre Umwelt so, dass diese Ihre Kreativität fördert, statt hemmt. Eliminieren Sie Ablenkungen, schalten Sie Ihr Smartphone aus, legen Sie feste Sprechstunden fest, um nicht in ungünstigen Momenten von Studierenden unterbrochen zu werden, und bündeln Sie ablenkende E-Mail-Checks am Ende des Tages. Sorgen Sie für kreativitätsanregende Reize. Jeden Menschen inspiriert etwas anderes. Vielleicht sind es bei den einen bunte Büroutensilien auf dem Schreibtisch, Überraschungseierfiguren, Miniaturskulpturen oder Legosteine. Andere benötigen viel Platz an der Bürowand, um Mindmaps anzuheften. Wiederum andere möchten eine gute Sicht aus dem Fenster haben, um zwischendrin den Blick weit schweifen lassen zu können. Mit einer Veränderung Ihrer Umgebung können Sie übrigens am schnellsten Fortschritte im Kreativitätspotential herbeiführen.

Auch in Lehrveranstaltungen können Sie für eine kreative Umwelt sorgen. Achten Sie auf ein angemessenes Schwierigkeitsniveau. Starten Sie mit einfacheren Aufgaben und fordern Sie Ihre Studierenden mit der Zeit heraus. Fordern Sie – aber überfordern Sie nicht. Achten Sie auf angemessene Zeitvorgaben, die die Studierenden anspornen und ihre Kreativität fördern. Geben Sie eine zeitliche Beschränkung vor, setzen diese jedoch nicht zu eng, so dass sich die Studierenden womöglich gehetzt fühlen und die Kreativität beeinträchtigt wird. Initiieren Sie ein kooperatives Miteinander und vermeiden Sie Gruppendruck und Konkurrenzkampf. Bestuhlen Sie Ihre Seminarräume flexibel, damit Ihre Studierenden bei kreativen Aufgaben unterschiedliche Gruppenformationen bilden können. Gestalten Sie anreizende Medienwechsel und variieren Sie diese. Stellen Sie vielfältiges und anregendes Material zur Verfügung.

Tabelle 4: Flow erleben und Raum für Kreativität schaffen

So ermöglichen Forschende und Lehrende Flow-Erleben
• Klare Ziele setzen. • Angemessenes Schwierigkeitsniveau schaffen. • Kreativitätsanregende Umgebung gestalten: Vielseitige Materialien beschaffen, flexible Raumbestuhlung herstellen, Medieneinsatz variieren. • Faktoren ausschalten, die ablenken. • Moderate Zeitvorgaben setzen.

3.5 Inkubation genießen: Zeit für Kreativität lassen

Die Inkubationspause nimmt eine wichtige Funktion im Problemlösungsprozess ein und kann aufgrund unterschiedlicher Wirkmechanismen die Lösungsfindung positiv beeinflussen. In dieser Phase erholen sich Problemlösende von Ermüdungserscheinungen, kognitive Fixierungen nehmen ab, bewusste und unbewusste Verknüpfungen werden gebildet und Restrukturierungsprozesse fördern das Assoziieren neuer Lösungsimpulse. Auch in der Pause arbeiten Sie sozusagen an dem Problem weiter! Hierbei geht es jedoch nicht unbedingt um eine Pause in dem Sinne, dass die Problemlösenden faulenzen und nichts tun, sondern es geht um den Abstand von dem zu lösenden Problem, also um einen Wechsel der Tätigkeit.

Erlauben Sie mir einen kurzen Einblick in die Inkubationsforschung. Forscherinnen und Forscher untersuchen seit mehreren Jahrzehnten, welche Art von Inkubationstätigkeit für eine Lösungsfindung von Vorteil ist. Ein Untersuchungsansatz ist, Inkubationstätigkeiten nach ihrem kognitiven Anspruch zu differenzieren. Aufgaben wie beispielsweise „lesen" oder „entspannen" werden zu den Aktivitäten mit geringerem kognitiven Anspruch gezählt. Inkubationstätigkeiten mit hohem kognitiven Anspruch, wie beispielsweise Rechenaufgaben oder Gedächtnistests, sollen das Bewusstsein möglichst voll beanspruchen und von den Problemen ablenken.

Es mag nicht verwundern, dass aus den Studien keine fünf goldenen Regeln für bahnbrechende Inkubationseffekte abzuleiten sind. Dafür ist das Phänomen der Inkubation viel zu komplex und vielschichtig. Einige Untersuchungen liefern Befunde, dass eine kognitiv wenig anspruchsvolle Tätigkeit in der Inkubationsphase zu verbesserter Problemlöseleistung führt, wohingegen eine anspruchsvolle Aufgabe genauso wie kontinuierliche Arbeit am Problem keine signifikanten Effekte hervorbringt (Baird et al., 2012; Browne & Cruse, 1988; Gall & Mendelsohn, 1967; Sio & Ormerod, 2009). Neurobiologische Befunde bestätigen diese Tendenz damit, dass die Gehirnaktivitäten in Momenten, in denen Personen neue Erkenntnisse erfahren, vergleichsweise gering ist. Interessanterweise sind die positiven Effekte von wenig anspruchsvollen Tätigkeiten größer als beim puren Ausruhen. Sio & Ormerod (2009) interpretieren diesen Befund, dass die Aktivität „ausruhen" Problemlösende möglicherweise nicht genügend von dem Problem ablenken.

Andere Studien weisen Vorteile hoher kognitiver Beanspruchung in der Inkubationsphase nach (Ritter & Dijksterhuis, 2014; Segal, 2004). Die Probanden erzielten also bessere Ergebnisse, wenn ihre Aufmerksamkeit mit einer anspruchsvollen Aufgabe vollkommen vom Problem abgelenkt war. Sio & Ormerod (2014) variierten in ihren Experimenten sowohl die kognitive Anstrengung in der Inkubationsphase, als auch die Schwierigkeit des Problems. Die größten Inkubationseffekte fanden sie bei einfachen Problemen und einer Inkubationstätigkeit mit hoher kognitiver Belastung sowie bei schwierigen Problemen in Kombination mit einer Inkubationsphase mit geringer kognitiver Belastung. Die Schwierigkeit des Problems moderiert demnach den Zusammenhang von Inkubationseffekten und der kognitiven Anstrengung in der Inkubationsphase.

> **Vertiefungsbox 5:**
> **„Dauer der Inkubationsphase"**
>
> Die Forscher Kaplan & Davidson stellten schon 1989 fest, dass Prozesse mit komplexen Problemen von sowohl einer intensiven initialen Präparationsphase als auch einer längeren Inkubationsphase profitieren. Die Meta-Analyse von Strick et al. (2011) bestätigt, dass bei komplexeren Problemstellungen längere Inkubationspausen zu besseren Lösungen führen als keine Pause.
> Auch Sio et al. (2016) untersuchten die Effekte einer Problemlösephase gegenüber mehrerer verteilter Problemlösephasen. Verteiltes Problemlösen war dabei dem einmaligen Problemlösen signifikant überlegen.
> Ritter & Dijksterhuis (2014) sowie Yang et al. (2012) stellen das Verhältnis der optimalen Dauer einer Inkubationsphase zur Problemkomplexität als umgekehrte U-Form dar. Die Inkubationslänge sollte somit moderat sein. Bei zu kurzen oder zu langen Zeiträumen kann die bewusste Beschäftigung dem unbewussten Denken überlegen sein. Bei komplexeren Problemen profitieren wir von längeren Inkubationsphasen.

Ein weiterer Ansatz, Inkubationsaktivitäten zu untersuchen, ist die Unterscheidung von Tätigkeiten, die dem Problem sehr ähnlich sind und Aktivitäten, die nichts mit dem ursprünglichen Problem zu tun haben. In den Arbeiten von Ellwood et al. (2009), Gilhooly et al. (2013) und Smith & Vela (1991) konnten positive Inkubationseffekte nachgewiesen werden, wenn die Inkubationstätigkeit in keiner Beziehung zum vorherigen Problem stand. Inkubationsaktivitäten, die weit entfernt vom eigentlichen Problem liegen und das Bewusstsein von dem Problem ablenken, führten zu stärkeren Inkubationseffekten. Eine Begründung für diese Befunde könnte sein, dass eine ähnliche Aufgabe die gleichen mentalen Ressourcen nutzt. Ist die Aufgabe der Problemstellung zu ähnlich, treten Interferenzen zwischen bewusster und unbewusster Arbeit auf, die zu schwächeren Inkubationseffekten führen, als eine Inkubation mit Aktivitäten, die in keiner Beziehung zum ursprünglichen Problem stehen.

Dem gegenüber stehen die Befunde von Penney et al. (2004) und Shah & Kruglanski (2002) bei der diejenigen Problemlöser mehr Lösungen gefunden haben, die in der Inkubationsphase an einem ähnlichen Problem gearbeitet hatten. Die Probanden konnten nach der Arbeit an ähnlichen Problemen Lösungsansätze auf ihr Ausgangsproblem transferieren. Wenn sich die späteren Probleme stark unterschieden, zeigten sich eher negative Effekte, vermutlich weil das ungelöste Initialproblem kognitive Kapazitäten abzieht.

Aus den Befunden lassen sich also leider keine einheitlichen Empfehlungen für die Praxis ableiten. Durchgehendes Problemlösen war übrigens in sämtlichen Studien weniger effektiv als das Unterbrechen der Problemlösephase – egal mit welcher Inkubationstätigkeit.

So begünstigen Forschende und Lehrende Inkubation

Im universitären Alltag üben Forschende und Lehrende eine Vielzahl an unterschiedlichen Aktivitäten aus und wechseln zwischen diesen in der Regel häufig, ob gewollt oder ungewollt. Zelebrieren Sie diese Wechsel als Inkubationspausen! Unternehmen Sie weiterhin eine intensive Präparationsphase. Setzen Sie sich jedoch nicht unter Druck, dass Sie jedes Problem sofort lösen müssen. Aufmerksame Leserinnen und Leser wissen bereits, dass Offenheit und eine positive Gestimmtheit mit einem moderaten Zeitdruck die kreative Haltung beflügelt. Terminieren Sie am Ende der Präparationsphase, wann Sie sich wieder aktiv mit dem Problem auseinandersetzen wollen. Das entlastet und Sie fühlen sich nicht ständig gezwungen, an Ihrem Problem weiterzuarbeiten. Unternehmen Sie dann eine Pause, wechseln Sie die Tätigkeit und beschäftigen sich mit anderen Dingen, praktizieren Sie bewusste Umgebungswechsel, gehen Sie spazieren.

44 3 Die persönliche kreative Haltung

Mit einem gewissen Abstand vom Problem passiert nicht „nichts", Problemlösende erinnern sich hin und wieder unabsichtlich an ihre Forschungsthematik. In diesem unabsichtlichen Erinnern kann qualitatives Potential stecken, das sich lohnt, intensiver weiterzuverfolgen. Die Pause wirkt kognitiven Ermüdungserscheinungen entgegen. Nach der Ablenkung sind wir entspannter und das wissenschaftliche Problem kann wieder „frisch" betrachtet werden. Ungelöste Probleme werden unbewusst weiterverarbeitet. Triggern Sie Ihr Gehirn, indem Sie eine Problemlöseeinheit mit einer ungeklärten Frage beenden. Dadurch aktivieren Sie kognitive Strukturen, die nicht-intentional in der Inkubationsphase weiter für Sie arbeiten. Inkubationspausen tragen dazu bei, Denkblockaden zu lösen und Fixierungen aufzuheben. Gerade Forschungstätigkeiten werfen immer wieder hochkomplexe Problemstellungen auf. Haben sich im Kopf einmal Fixationen gebildet, kann es schwierig sein, diese durch ein fortwährendes Weiterdenken zu durchbrechen. Durch einen Abstand vom Problem werden inadäquate Wissensstrukturen deaktiviert und der neue Blick auf die Problemstellung ruft andere Assoziationen und Lösungsansätze hervor.

Auch kreative Probleme, bezogen auf den Lehrkontext, konzeptuelle Ideen, methodische Varianten oder problembezogene Fallbeispiele können durchaus erst mit dem Praktizieren von Inkubationspausen in das Bewusstsein treten. Das Wissen über positive Wirkungen einer Inkubation fördert die Sensibilisierung für Impulse von Außen. Eine offene und neugierige Haltung macht Mut, fremde Assoziationen heranzuziehen und neue Impulse weiterzudenken. Provoziert werden könnten Inkubationseffekte durch kleine Reize, die Sie in den eigenen Alltag integrieren, z.B. eine Mindmap am Kühlschrank, ein Bild des wichtigsten Theoretikers als Smartphonehintergrund oder die Forschungsfragen an der Kaffeemaschine.

Eine weitere Perspektive für Lehrende ist Inkubation in ihren Lehrveranstaltungen mitzudenken und bei ihren Studierenden anzuregen. Es ist davon auszugehen, dass auch innerhalb einer Lehrveranstaltung kurze Inkubationspausen für das Lernen der Studierenden förderlich sind. Lange Inputphasen sollten durch kurze Unterbrechungen oder Aktivierungen rhythmisiert werden, um kognitive Überlastung zu vermeiden, Ermüdungserscheinungen abzubauen und die Aufmerksamkeit wieder auf den Lerngegenstand zu richten. Aktivierend und gleichzeitig abwechslungsreich wirkt die thematische Verknüpfung mit anderen Lehrveranstaltungen oder ein alltagsnaher Praxisbezug von wissenschaftlichen Theorien. Übungsaufgaben mit Anwendungsfällen begünstigen unabsichtliche Lernvorgänge. Sensibilisieren Sie Studierende für Stimuli aus ihrer Umwelt. Lassen Sie am Ende der Lehrveranstaltung ab und zu bewusst einen thematischen Aspekt offen, um Inkubationsprozesse bei den Studierenden anzuregen. Starten Sie die nächste Sitzung mit der Frage nach neuen Einsichten oder Gedanken, die im Laufe der Woche bei den Studierenden entstanden sind. An diese Impulse können Sie dann mit neuen Lerninhalten anknüpfen.

Tabelle 5: Inkubation genießen und Zeit für Kreativität lassen

So begünstigen Forschende und Lehrende Inkubation
• Inkubationspausen zelebrieren, bewusst die Tätigkeiten wechseln. • Am Ende einer Präparationsphase terminieren, wann Sie sich wieder aktiv mit dem Problem auseinandersetzen. • Problemlösephasen und Lehrveranstaltungssitzungen mit einer offenen Frage beenden, um Inkubationseffekte anzutriggern. • Inkubationseffekte durch Reize im Alltag provozieren. • In Lehrveranstaltungen lange Input-Einheiten durch kurze Inkubationspausen unterbrechen. • Studierende für die Wirkung von Inkubationsphasen sensibilisieren.

Die in diesem Kapitel behandelten Aspekte einer kreativen Haltung stellen die Basis für kreatives Denken und Handeln dar. Sie haben diese Aspekte im Wesentlichen in der Hand und können somit auf Ihre kreative Tagesverfassung einwirken. Fördern Sie Ihre Kreativität, indem Sie Ihre Einstellung reflektieren und sich mit Wissensdurst und divergentem Denken in positiver Stimmung Raum für Kreativität nehmen und Zeit für Kreativität lassen.

Aufbauend auf diese grundsätzliche Haltung nützen Kreativitätstechniken, um spezifische Probleme kreativ zu bearbeiten.

4 Rahmenbedingungen kreativer Methoden

Zur systematischen Bearbeitung von kreativen Problemen wurde im Laufe der Zeit eine breite Auswahl an Kreativitätstechniken entwickelt. Ihre Anwendung ermöglicht es, Denkblockaden zu reduzieren, schrittweise Probleme zu analysieren, kreative Lösungsvorschläge zu generieren und diese anschließend zu bewerten. Vor allem in der Industrie- und Werbewirtschaft wurden auf der Suche nach technischen Innovationen, Produktverbesserungen und neuen Verkaufsmöglichkeiten Techniken zur Ideenfindung konstruiert. So entwickelte Alex F. Osborn, der als Erfinder der angewandten Kreativitätsforschung gilt, die bekannte Methode „Brainstorming" ursprünglich für die Werbebranche.

Trotz einer gewissen vorgegebenen Systematik sind Kreativitätstechniken keine Methoden, in der die Vorgaben Schritt für Schritt abgearbeitet werden und daraus *eine* richtige Lösung resultiert. Es geht vielmehr darum, auf neue Art und Weise immer wieder konstruktive Fragen zu stellen, neue Perspektiven einzunehmen und fremde Terrains zu betreten, um eine möglichst hohe Anzahl an Lösungen zu erhalten. Mit kreativen Methoden werden quantitativ weitaus mehr Lösungen generiert, als ohne die Anwendung einer Problemlösetechnik. Langfristig angewendet helfen Kreativitätstechniken das individuelle kreative Potential zu steigern und die Spontaneität zu erhöhen.

Bei der Anwendung kreativer Methoden sind einige grundlegende Rahmenbedingungen zu beachten, so dass sie ihre volle Wirkung entfalten können. Um eine ungezwungene, kreative Arbeit zu ermöglichen, sollte für die kreative Sitzung ein ausreichend großer Raum zur Verfügung stehen, der von äußeren Störeinflüssen weitestgehend abgeschirmt ist. Zeitdruck ist zu vermeiden. Stellen Sie im Vorfeld ausreichend Hilfsmittel zur Visualisierung bereit. Visualisierungen erfüllen mehrere wertvolle Funktionen: Sie dokumentieren die gesammelten Ideen und entlasten das Gehirn, da keine Behaltensprozesse erforderlich sind. Darüber hinaus regen die visualisierten Vorschläge neue Einfälle an. Je nach Visualisierungsart ist es möglich, die bereits gefundenen Ideen zu ordnen, was die weitere Ausarbeitung konkreter Lösungsvorschläge erleichtert.

Begünstigt die Arbeit in der Gruppe eine kreative Problemlösung? Sowohl die Anwendung von Kreativitätstechniken in der Gruppe als auch die Anwendung durch nur eine Person haben ihre Vor- und Nachteile. Bei einer *nicht-kreativen* Problemlösung, die auf die Nutzung von bekannten Strategien abzielt, steht fest, dass Gruppen mehr erreichen, als das stärkste Gruppenmitglied alleine leisten könnte bzw. sogar mehr, als eine Aneinanderreihung aller Einzelleistungen hervorbringt.

> *„Jedes Individuum besitzt eine limitierte Kapazität des Wissens und der Erfahrung sowie ein intellektuelles Leistungsvermögen. Da die Kapazitäten zwischen Individuen in Bezug auf Fachwissen und Lösungsmustern variieren, erlangt die Gruppe Vorteile, indem sich die Leistungspotentiale der Einzelnen im Fachwissen ergänzen (zitiert nach Kluge & Zysno 1993, S.72)."*

In der *kreativen* Problemlöseforschung existieren jedoch Befunde, dass mehrere allein kreativ arbeitende Personen in der Summe ihrer Ergebnisse einer Gruppe überlegen sind, die die gleiche Anzahl an Personen zählt. Dies bezieht sich sowohl auf die quantitativen als auch auf die qualitativen Leistungen. Gruppenarbeit scheint also für kreative Problemlöseprozesse nicht uneingeschränkt förderlich zu sein. Unumstößliche Vorteile von Gruppenarbeiten sind allerdings die Synergieeffekte, die durch die gegenseitige Stimulierung aufgrund unterschiedlicher Denkansätze entstehen. Wenn Menschen lieber in der Gruppe arbeiten als alleine, nützt Teamarbeit dem kreativen Ergebnis. Empfehlenswert ist daher eine Kombination aus individueller Ideenfindung und eine Weiterentwicklung in der Gruppe (vgl. Vertiefungsbox 6).

> **Vertiefungsbox 6:**
> **„Kreativität und Gruppen"**
>
> Kreativitätsprozesse in Gruppen zeigen nicht immer positive Ausmaße. Durch das Zuhören fremder Ideengeber können wir daran gehindert werden, eigene Ideen zu produzieren.
> Dem gegenüber steht die Tatsache, dass eine Gruppensitzung die Motivation fördert und mehr Perspektiven eingebracht werden.
> Optimalerweise wird daher eine Fragestellung zunächst in einem Einzelbrainstorming behandelt und dann in einer Gruppensitzung weiterbearbeitet.
> Paulus & Brown, 2003; Smith, 2003

Kreativitätsgruppen sollten aus maximal acht Personen bestehen, da sich bei einer zu hohen Anzahl die Teilnehmenden noch mehr stören könnten. Die Teammitglieder sollten freiwillig an der Kreativitätssitzung teilnehmen, da sie nur dann intrinsisch motiviert sind und dies ihr kreatives Verhalten begünstigt. In Gruppen sollte auf eine positive, kreativitätsförderliche Atmosphäre geachtet werden. Verringern Sie Konformitätsdruck, zu schnelle Kompromissbereitschaft, aber auch übermäßigen Wettbewerb. Besonders die Zusammensetzung der Teilnehmenden hat einen Einfluss auf die Anzahl und Qualität der Ergebnisse. Das soziale Niveau der Gruppenmitglieder sollte homogen sein, zu große Hierarchiespannen zwischen den Teilnehmenden sind also zu vermeiden. So ist es bei streng gelebten Hierarchiekulturen nicht empfehlenswert, direkte Vorgesetzte und deren Mitarbeiter eine Gruppe bilden zu lassen, da eine gewisse Vorsicht gegenüber der Obrigkeit die Kreativität blockieren kann. Versuchen Sie, Machtungleichgewichte auszugleichen. Erlauben Sie, dass die Teilnehmenden Ideen anderer aufgreifen und weiterentwickeln, da die daraus entstehenden Ideen das größte Potential der Gruppenarbeit sind.

Inhaltlich können bereits bei der Problemanalyse Auffassungsunterschiede der einzelnen Teilnehmenden den kreativen Prozess gefährden. In der Ideenfindungsphase besteht bei Gruppen die Gefahr von Selbstdarstellungsversuchen, Disziplinierungssätzen und Rechtfertigungsversuchen Einzelner. Alle Arten von „Killerphrasen" wie beispielsweise „Das ist doch vollkommener Unsinn!", sind in der Ideenfindungsphase problematisch und sollten unter allen Umständen vermieden werden, da sie bei anderen Teammitgliedern Frustration, Demotivation oder Konflikte hervorrufen. Zwischenmenschliche Konflikte dämpfen die Kreativität, da die Unbefangenheit und damit die spielerische Herangehensweise verloren gehen.

Das Wissens- und Erfahrungsniveau der Teilnehmenden sollte in Kreativitätsprozessen heterogen zusammengesetzt sein, um verschiedene Blickwinkel zu garantieren. Der fachliche Laie durchbricht häufig festgefahrene Denkmuster. Von seinen Lösungen mögen einige realitätsfern sein, können Fachleuten jedoch neue Anregungen liefern. In interdisziplinären Teams ist durch den ständigen Wechsel des Erfahrungshintergrundes die Wahrscheinlichkeit größer, dass unerwartete Assoziationen produziert werden. Fördern Sie, dass die Gruppenmitglieder Ideen der anderen aufgreifen und weiterdenken. Hierin steckt großes qualitatives Potential. Die Gruppenmitglieder hören die Lösungsvorschläge der anderen, können Aspekte davon übernehmen und neue Ideen entwickeln.

Die meisten in diesem Buch behandelten Kreativitätstechniken lassen sich sowohl in der Gruppe, als auch in Einzelarbeit durchführen. Probieren Sie Techniken aus, die Sie ansprechen, und bilden sich Ihre Meinung, inwiefern sie für Sie persönlich funktionieren. Wählen Sie für die Implementation in den Alltag die Methoden aus, die Ihnen leicht von der Hand gehen, Ihnen Spaß machen und mit denen Sie gute Ergebnisse erzielen.

Kreativitätstechniken werden klassifiziert nach Antiblockade-Techniken, Methoden der Problemspezifizierung, Methoden der Ideenfindung und Methoden für die Bewertungsphase. Antiblockade-Techniken sind hilfreich, um kognitive Fixierungen zu überwinden und sich für eine kreative Sitzung „aufzuwärmen". Methoden zur Problemspezifizierung unterstützen in der Präparationsphase bei der Problemanalyse. Für die Inkubationsphase helfen Methoden der Ideenfindung, zahlreiche Illuminationen zu generieren. Aus den Ideen werden in der Verifikationsphase mit Hilfe von Bewertungstechniken problemadäquate Lösungen ausgewählt.

5 Aufwärm- und Antiblockade-Techniken

„Ich habe einfach keine gute Idee." Wer kennt sie nicht – Situationen, in denen uns zu einem Problem kein Lösungsansatz einfallen möchte. Wir fühlen uns blockiert und demotiviert, Fixierungen schränken das Denken ein. Mit kleinen Übungen lassen sich Denkblockaden überwinden und das Kreativitätspotential steigern. Antiblockade-Techniken sind kurze kreative Übungen, die häufig nichts mit dem eigentlichen Problem zu tun haben, durch deren Anwendung jedoch kognitive Fixierungen aufgehoben werden. Sie nützen zum Einstieg in eine kreative Sitzung, um sich einzustimmen und aufzuwärmen. Häufig angewandt trainieren Sie mit diesen Übungen Ihre kognitiven kreativen Fähigkeiten und steigern damit langfristig Ihr kreatives Potential. Es fällt Ihnen leichter, Assoziationen zu bilden und Probleme aus verschiedenen Blickwinkeln zu betrachten.

> **Vertiefungsbox 7:**
> **„Training von Kreativität"**
>
> Kreativität ist bei individueller Variabilität eine normal verteilte Eigenschaft. Kreatives Denken ist also ein Potential, das jeder Mensch in unterschiedlichem Ausmaß hat. Eine gewisse obere und untere Grenze kreativer Verhaltensmöglichkeiten ist angeboren.
>
> > *„The gap between an individual's innate creative talent and his lesser actual creative output can be narrowed by deliberate education in creative thinking". (zitiert nach Parnes 1962b, S.191).*
>
> Antiblockade-Techniken, häufig angewandt, trainieren kognitive Fähigkeiten, die für kreatives Denken und Handeln nützlich sind (Scott et al., 2004). Durch Üben ist Kreativität bis zu einer individuell unterschiedlichen Schwelle entwicklungsfähig.

Fangen Sie also gleich damit an und trainieren Sie Ihr kreatives Potential mit Antiblockade-Techniken!

Wie kann eine Beschäftigung mit einer problemfernen Fragestellung Blockaden entfernen? Das Arbeiten mit Antiblockade-Techniken bewirkt zwei problemlöseförderliche Effekte:

(1) *Lösungsförderliche Assoziationen werden gebildet.* Mit Antiblockade-Techniken aktivieren Sie problemferne Assoziationen, die in einer anschließenden Problembearbeitungsphase zur Lösungsfindung beitragen können. Lösungen finden bedeutet, dass wir im Gehirn verschiedenartige Verknüpfungen bilden. Wir assoziieren und diese Assoziationen übertragen wir auf unser Problem. Um qualitativ gute kreative Lösungen zu finden, müssen wir viele und seltene Assoziationen bilden. Antiblockade-Techniken unterliegen dem Prinzip der Assoziation. Gerade in lösungsfernen Assoziationen steckt das Potential, qualitativ hochwertige und originelle Lösungen hervorzurufen. Aufgrund einer inhaltlichen Sensibilisierung für das Problem nach der Präparationsphase können in der Inkubationsphase Reize aus der Umgebung lösungsförderliche kognitive Verarbeitungsprozesse anstoßen. Wir werden in gewisser Weise immer wieder kognitiv gestupst. Ungelöste Probleme befinden sich auf einem höheren Aktivierungsniveau. Durch diesen erhöhten Aktivierungsgrad können ungelöste Probleme den Erwerb problemrelevanter Informationen begünstigen. Die Impulse, die Antiblockade-Techniken liefern, können somit lösungsförderliche Reize liefern, die wir so vorher nicht hatten.

(2) *Fixierungen werden vergessen.* Mit der Anwendung von Antiblockade-Techniken erzeugen Sie gezielt eine Inkubationswirkung. Wir werden von unserem Ausgangsproblem abgelenkt und verbringen eine Inkubationsphase. Sobald wir durch das Arbeiten mit Antiblockade-Techniken von unserem eigentlichen Problem abgelenkt sind, wirken die Effekte, die Inkubationspausen mit sich bringen: Wir erholen uns von unserem Problem, unbewusste Aktivierungsausbreitungen und Restrukturierungsprozesse laufen jedoch weiterhin ab. Eines der Hauptmechanismen von Antiblockade-Techniken

ist, dass kognitive Fixierungen abgebaut werden. Durch die Beschäftigung mit einer problemfernen Fragestellung werden ganz andere Bereiche im Gehirn aktiviert. Gleichzeitig werden Wissensstrukturen des Problems deaktiviert, was eine Abnahme dysfunktionaler, fixierender Wissensstrukturen zur Folge hat. Bei einer erneuten Beschäftigung mit dem Problem können kognitive Strukturen wieder neu aufgebaut und lösungsförderliche Verknüpfungen gebildet werden. Die Denkblockade ist damit überwunden.

Antiblockade-Techniken können im wissenschaftlichen Alltag häufig angewandt werden: zum Start in eine kreative Sitzung (alleine oder mit Studierenden), zum Lösen von kognitiven Blockaden, bei Schreibblockaden oder in regelmäßiger Form als Training des kreativen Potentials. Die Techniken lassen sich sowohl in Einzelarbeit als auch in der Gruppe durchführen.

Im folgenden Abschnitt wird auf dreierlei Arten von Antiblockade-Techniken eingegangen: auf Übungen, die das divergente Denken trainieren, auf Techniken, die das Überwinden von Schreibblockaden unterstützen und auf visuelle Techniken.

5.1 Training des divergenten Denkens

Assoziationsfragen

Mit der Anwendung von Antiblockade-Techniken, die auf das Training des divergenten Denkens abzielen, wird eine problemferne Fragestellung bearbeitet. Dadurch werden Fixierungen und Denkblockaden überwunden und schnell neue Impulse gewonnen. Zwei Minuten lang sollen so viele Einfälle wie möglich notiert werden. Das Assoziieren zu problemfernen Fragestellungen lenkt den Lösungssuchenden ab und fördert die Wirkung einer unbewussten Lösungssuche in der Inkubationsphase. Einige Fragestellungen sind verrückt, z.B. „Was wäre, wenn Katzen fliegen könnten?" Der Vorteil von realitätsfernen Fragen ist, dass wir dadurch automatisch Bewertungen, ob unsere Ideen gut oder unzureichend sind, ausschalten. Aufgrund dessen ist eine viel freiere Assoziation möglich. Entferntere Wissenselemente und unkonventionellere Lösungsansätze können leichter aktiviert werden.

In Tabelle 6 finden Sie Fragestellungen, zugeordnet zu den jeweiligen Denkstilen (vgl. Kapitel 3.2), die mit der Beantwortung der Frage besonders trainiert werden.

Tabelle 6: Fragen von Antiblockade-Techniken

Fragestellung zur Antiblockade	Vorrangig trainierter Denkstil
Notieren Sie zu jeder Fragestellung zwei Minuten lang so viele Einfälle wie möglich:	
Was stört Sie alles an Ihrem Büro?	Problemsensibilität
Was kann alles gerollt werden?	Gedankenflüssigkeit
Was wäre, wenn Katzen fliegen könnten?	Flexibilität
Welche Reiseziele sind besonders originell?	Originalität
Was können Sie alles mit Klebestiften tun?	Neudefinition
Welche Berufe haben mit Glas zu tun?	Analyse
Welche Verwendungsarten gibt es für eine leere Konservendose und einen Kaugummi?	Synthese
Wie planen Sie eine Party für menschenscheue Astronauten?	Elaboration

Unter **http://sprachraum.denk-und-sprechtools.de/** finden Sie weitere Fragestellungen zum Aufwärmen und Ablenken. Grundsätzlich sind Ihrer Fantasie hier keine Grenzen gesetzt. Sie können zu jeder Fragestellung assoziieren und erzielen blockadelösende Wirkung. Hauptsache die Frage ist weit entfernt von Ihrem ursprünglichen Problem und gerne verrückt!

Reizbildanalyse

Eine weitere Technik, Denkblockaden aufzulösen und neue Ideen zu einem Problem zu produzieren, ist die Reizbildanalyse. Die Reizbildanalyse läuft in zwei Phasen ab: die Inspirationsphase und die Transferphase.

(1) *Inspirationsphase.* In der Inspirationsphase wählen Sie ein beliebiges Bild aus, eine Fotografie, ein Gemälde oder eine Postkarte. Dieses Bild analysieren Sie, untersuchen es hinsichtlich seiner Eigenschaften und notieren so viele wie möglich davon. Der Effekt dieser Phase ist, dass Sie sich entspannen, Ihr eigentliches Problem vergessen und andere Areale in Ihrem Gehirn aktivieren.

(2) *Transferphase.* In dem zweiten Schritt, der Transferphase, konfrontieren Sie Ihr Ausgangsproblem mit Elementen des Bildes. Diese Phase wird als „Force-Fit", also „erzwungene Eignung" bzw. „Zwangsübertragung" bezeichnet. Im Force-Fit wird der Zusammenhang zwischen beiden Denkobjekten regelrecht erzwungen und analysiert, wie die Eigenschaften des zufällig gewählten Bildes beim Ausgangsproblem helfen können. Denkverbindungen werden hergestellt, indem die Eigenschaften des Bildes mit den Merkmalen des Problems verglichen werden und als Reizwörter zur Knüpfung von Assoziationen dienen. Dabei müssen die Eigenschaften nicht unbedingt wortwörtlich übertragen werden. Nehmen Sie sämtliche Assoziationen als Impulse, um Lösungsmöglichkeiten für Ihr Problem zu generieren. Geben Sie sich mindestens zehn Minuten Zeit für die Transferphase.

Wir sehen hier beispielsweise ein Reizbild, auf dem ein Tisch mit gepunkteter Tischdecke und zwei Kaffeetassen zu sehen ist. In Tabelle 7 wird zu diesem Bild die Inspirations- und Transferphase vollzogen.

Tabelle 7: Beispiel zur Methode „Reizbildanalyse"

1. Inspirationsphase	2. Transferphase zu dem Problem „Wie interpretiere ich meine Forschungsergebnisse für den Diskussionsteil und stelle den Bezug zur Theorie dar?"
• Gepunktet • 2 Gegenstände auf dem Tisch • Entspannung, Zeit für sich haben • heiß • …	• Jeden einzelnen Punkt des Theorieteils und jeden Punkt meines Ergebnisteils auf ein Post-it schreiben. Dann viele Pärchen bilden und prüfen. • Ich nehme mir viel Zeit für den Diskussionsteil und gehe das Schreiben so entspannt wie möglich an. • Ich fühle welche Ergebnisse besonders „heiß" sind und diskutiere die mit einer Kollegin oder einem Kollegen. • …

Auf der Website **http://sprachraum.denk-und-sprechtools.de/** finden Sie viele Motive, die Sie für die Reizbildtechnik verwenden können.

5.2 Techniken für den Schreibfluss

Wissenschaftliche Artikel, Paper, Essays, Buchkapitel, Sammelbände, Gutachten – Schreiben gehört zum Tagesgeschäft von Wissenschaftlerinnen und Wissenschaftlern. Dabei setzt uns nicht selten eine nahende Abgabefrist unter Druck. „Ich habe so viel zu dem Thema im Kopf, ich weiß nicht wo ich anfangen soll", „Ich fürchte die kritischen Augen meiner Leserschaft" oder „Gerade beschäftigen mich ganz andere Themen, doch der Abgabetermin zwingt mich zum Schreiben". Solche oder ähnliche Gedanken können Wissenschaftlerinnen und Wissenschaftler so blockieren, dass das Schreiben einfach nicht gelingen will.

Grundsätzlich sollten Sie sich gewisse Arbeitsweisen aneignen, die den Schreibprozess anregen. Nehmen Sie, wenn möglich, Rücksicht auf Ihren persönlichen Biorhythmus und legen Sie das Schreiben bewusst in Ihre produktiven Hochphasen. Beginnen Sie den Schreibprozess mit einem Ritual. Stellen Sie sich beim Schreiben einen interessierten, wohlwollenden Leser vor, für den Sie die Arbeit schreiben. Starten Sie mit Stichpunkten. Suchen Sie nicht gleich die perfekte Formulierung. Schreiben Sie auch unfertige Gedanken auf, denn eine flapsige Formulierung ist besser als eine unausgereifte Idee voller Potential, die vergessen wird. Notieren Sie im Text Fragen an sich selbst. Lesen Sie Textpassagen laut vor, um alternative Formulierungen bei stockenden Absätzen zu identifizieren. Gleichzeitiges Schreiben und Sprechen steigert die Denkaktivität, weshalb wir leichter den roten Faden und eine schlüssige Argumentationslinie entwickeln können.

Brechen Sie am Ende der Schreibphase Ihren Text mitten im Satz ab und skizzieren den Fortgang nur stichpunktartig. Dies steigert zu Beginn der nächsten Schreibphase das Bedürfnis den Satz zu beenden und Sie gleiten automatisch ins Schreiben. Tragen Sie ein Ideenbuch mit sich, damit Sie jederzeit spontane Einfälle festhalten können.

Tabelle 8: Grundsätzliche Tipps zum Schreiben

Regen Sie den Schreibprozess durch folgende Arbeitsweisen an
• Schreiben Sie in produktiven Hochphasen. • Starten Sie mit einem Schreibritual. • Stellen Sie sich wohlwollende Leser vor. • Beginnen Sie mit Stichpunkten. • Notieren Sie auch unfertige Gedanken. • Lesen Sie Ihren Text laut vor. • Beenden Sie eine Schreibphase mitten im Satz. • Führen Sie jederzeit ein Ideenbuch mit sich.

Es existiert eine Vielzahl an Techniken, die dabei helfen, Schreibblockaden in den Griff zu bekommen und die Lust am Schreiben zu fördern. Grundsätzlich gilt: Eine Schreibblockade wird mit Schreiben überwunden. Sämtliche Methoden dienen dazu, die Schreibentwicklung zu fördern, indem sie den Schreibprozess ohne Rücksicht auf den Inhalt initiieren. Verringern Sie die Schreibhürde, indem Sie jede Schreibgelegenheit wahrnehmen. Spielen Sie mit unterschiedlichen Stilen, Genres, Formaten, Materialien, Themen – Hauptsache Sie schreiben.

Free Writing

Die wohl bekannteste Technik zum Überwinden von Schreibblockaden ist das Free Writing. „Free Writing" bedeutet, ohne Unterbrechung all das aufzuschreiben, was einem gerade einfällt. Fünf Minuten lang werden alle Gefühle, Ideen oder Einfälle niedergeschrieben, die das Thema beim Schreiber auslöst. Formulieren Sie mögliche Vorurteile zu Ihrem Thema. Bei widersprüchlichen Gefühlen hilft das Verfassen eines Dialogs, bei dem jedes Gefühl zum Sprechen gebracht wird. Die Technik des Free Writing macht den Kopf frei für das wissenschaftliche Arbeiten und stärkt die Schreibkraft. Der Schreibprozess entlastet, hilft die Gedanken zu ordnen und kann zu einem groben Schreibkonzept verhelfen.

Tabelle 9: Beispiel zur Methode „Free Writing"

Free Writing
Ich weiß gar nicht wo ich anfangen soll. Jetzt häng ich hier schon wieder rum und meine Gedanken produzieren einfach nichts Nützliches. Worauf will ich denn eigentlich hinaus? Was soll denn da Schlüssiges stehen? Ich fände es gut, wenn hier nochmal kommt, was wirklich wichtig ist. Was soll der Leser auf jeden Fall im Kopf behalten?   *Hoffentlich ist das nicht nur wirres Geschwätz, sondern gut nachvollziehbar. Ich könnte die anderen Absätze nochmal durchsehen und mir die relevantesten Stellen markieren. Vielleicht komme ich damit weiter. Ich wünschte, ich wäre schon fertig. Mir fällt es einfach leichter, einen Text zu verbessern als einen neuen zu schreiben. Ich fange jetzt einfach mal damit an, dass ich so tue, als ob ich einen Vortrag halte und meinen Zuhörern das erzähle...*

Mein Lieblingsproblem

Mit dieser Technik nimmt der Schreiber die Perspektive des Textes ein und schreibt: „Ich bin der Text von... und fühle mich...." usw. Der personifizierte Text darf seiner Frustration Luft machen, Schreibhemmungen beschreiben, Schwierigkeiten im Schreibprozess benennen, aber den Schreiber auch motivieren und loben. Nach maximal 20 Minuten endet das Schreiben. Der Leser soll nun sein Lieblingsproblem herausfiltern, welches das Schreiben besonders schwierig macht und dies in einem Satz formulieren. Die Methode baut Stress ab. Mehrmalige Anwendung lässt regelmäßige Muster erkennen, die Interventionen ermöglichen. Der veränderte emotionale Zugang zum Text setzt neue Einsichten frei und kann zu einer Lösungsfindung beitragen.

Tabelle 10: Beispiel zur Methode „Mein Lieblingsproblem"

Mein Lieblingsproblem
Ich bin der Text von Jana und ich bin anfangs immer ganz schön zerfranst. Jana fügt hier und da etwas ein, schreibt immer wieder an ganz unterschiedlichen Stellen weiter und notiert manchmal sogar nur Stichpunkte oder unausformulierte Gedankenfetzen. Zu den Stellen, bei denen es mir noch ganz schlecht geht und ich noch nichts Geniales habe, kommt sie immer erst, wenn schon ganz viele andere Abschnitte sehr weit sind. Das Gute ist, dass ich dadurch immer das Gefühl habe, mir geht es gut und ich bin ja schon einigermaßen fett. Das merke ich auch, wie das die Jana zum Weiterschreiben motiviert. Aber ehrlich – da muss sie aufpassen, dass sie nicht meine mageren, dünnen, kranken Stellen übersieht! Beachte mich da bitte mehr! Großartig finde ich, dass Du Dir Schreibzeiten fest einplanst und die dann durchziehst, Jana! => Mein Lieblingsproblem ist, dass ich mich auf die schwierigen Stellen erst zum Schluss konzentriere.

Genre- und Adressatenwechsel

Schreiben Sie über Ihr Forschungsvorhaben einen Kindertext, einen Tagebucheintrag, einen Brief oder eine Nachrichtenmeldung. Wechseln Sie den Adressaten und verfassen Sei einen Brief an die neugierige Nichte, den heimlichen Geliebten oder die Bürgermeisterin. Auf diese Weise nähern Sie sich dem Thema an, ohne an wissenschaftliche Stilmittel gebunden zu sein. Genre- und Adressatenwechsel lösen Schreibkrämpfe spielerisch, erhöhen die Distanz zum Text und verhelfen zu neuen Erkenntnissen.

Eine Variante, die Perspektive zu wechseln, ist das Thema aus Sicht einer anderen Person zu betrachten. Die Schreiberin, der Schreiber versetzt sich hierbei in die Lage berühmter Figuren, beispielsweise Mickey Mouse, Johann Wolfgang von Goethe, Stephen Hawking... Beschreiben Sie ausführlich, was diese Person von Ihrem Thema hält und wie Sie weiter verfahren würde.

Über die Schreibtechniken hinaus stimuliert ein Wechsel des Mediums das Schreiben. Tauschen Sie das Tippen am Computer gegen das Schreiben auf Papier ein oder nutzen Sie Apps, mithilfe derer Sie Ihre Gedanken diktieren können. Eine weitere Möglichkeit ist es, Gewohnheiten aufzubrechen und ungewöhnliche Orts- und Zeitwechsel zur Stimulation der Schreiblust auszuprobieren. Vielleicht wird Ihr Schreibflow nachts um 4 Uhr in der Flughafenhalle beflügelt?

5.3 Visuelle Techniken

Eine alternativer Zugang, Blockaden zu überwinden, ist die Visualisierung des Problems. Visuelle Problemdarstellungen eröffnen ganz neue Herangehensweisen und fördern den Perspektivenwechsel. Komplexe Problemaspekte können in einer vollständigen Form auf einer einzigen Seite dargestellt werden, fehlende Aspekte werden offensichtlich. Visualisierte Probleme liefern einen Überblick über die zur Verfügung stehenden Informationen und verdeckte Zusammenhänge. Dies erleichtert das Identifizieren fehlender Punkte und das Generieren neuer Lösungsansätze. Gerade in Teams hilft die Visualisierung eines Problems, ein gemeinsames Problemverständnis zu schaffen.

Selbstverständlich können Sie jedes Problem vollkommen frei und ohne Einschränkungen auf einem Blatt Papier mit bunten Stiften darstellen. Verwenden Sie viele bildliche Elemente, um möglichst vielfältige Gehirnareale anzusprechen. Zeichnen Sie Graphen, Diagramme, Strichmännchen, Symbole – es wird keinen Wert auf hohe künstlerische Leistung gelegt. Es geht lediglich darum, das Problem zu verdeutlichen.

Die Visualisierung mittels einer gewissen Systematik, beispielsweise in Form von einer Concept Map, Mind Map oder Roadmap, einer Systemaufstellung, einem Hierarchiebaum oder einem Storyboard, kann den Visualisierungsprozess unterstützen. Darüber hinaus können Sie Ihr Problem auch haptisch darstellen über das Entwickeln von Prototypen, einer Systemaufstellung oder das Konstruieren von Legomodellen.

Concept Map und Mind Map

Eine Concept Map ist eine freie Visualisierung von Begriffen und deren Zusammenhängen. Die Darstellung der relevanten Schlüsselbegriffe ist ein hilfreiches Mittel, den Überblick über ein Problem zu gewinnen und Gedanken zu ordnen.

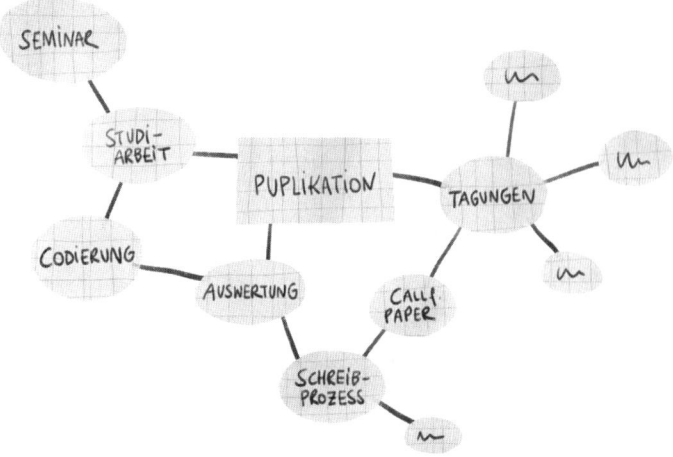

In der bekannteren Technik des Mind Mapping (Buzan, 2002) wird systematischer verfahren, hier werden die Schlüsselworte organisiert und methodisch strukturiert aufzeigt. Eine Mind Map wird mit einem aussagekräftigen Zentralbegriff begonnen. Ausgehend von diesem Zentralbild werden Äste und Unteräste gebildet, die den zentralen Gegenstand bzw. das Problem erklären und vertiefen. Aspekte von untergeordneter Bedeutung werden als Zweige dargestellt, die mit Ästen höheren Niveaus verbunden sind. Farbige Symbole werden genutzt, um die Assoziationsfähigkeit des Gehirns visuell zu stimulieren und Assoziationen zu erleichtern. Freigelassene Räume zwischen den Ästen erlauben es, jederzeit neue

Aspekte hinzuzufügen. Problemfelder können dadurch ständig weiterentwickelt werden.

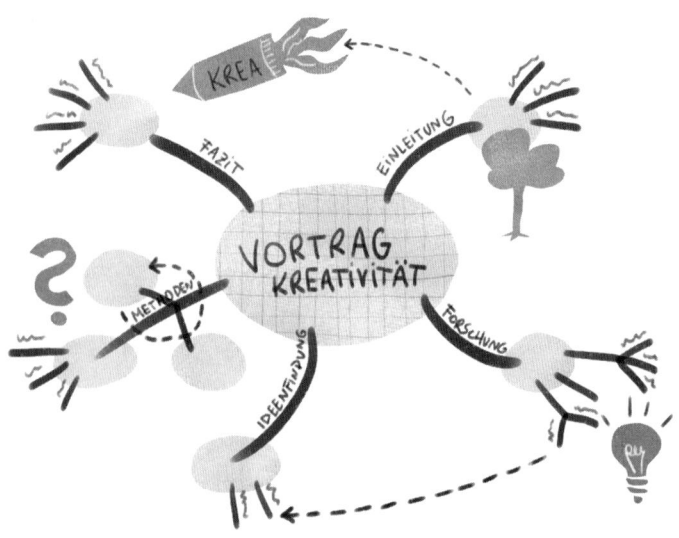

Im Hochschulkontext lassen sich Concept Maps und Mind Maps wunderbar als Visualisierungstechnik einsetzen: Eine ganze Forschungsthematik lässt sich in einer Map erschließen. Lehrende können gemeinsam mit Studierenden eine Map erstellen, indem sie Vorwissen sammeln oder inhaltliche Zusammenfassungen kreieren. Hier wird gleichermaßen die Kreativität und der Behaltensprozess gefördert.

Roadmap

Wenn Sie Ihr Problem in Meilensteine portionieren und diese zeitlich anordnen können, so ist eine Roadmap ein hilfreiches Werkzeug. Eine Roadmap kann sehr pragmatisch über einen Zeitstrahl realisiert werden. Aktivierend ist auch die Darstellung über einen Bergwanderpfad. Lassen Sie Ihrer Fantasie freien Lauf und wählen Sie ein Bild, das für Sie persönlich passt oder sogar Ihre Thematik treffend widerspiegelt. Eine visuelle Roadmap regt an, fördert die Problemreflexion und motiviert dazu, das Problem anzugehen.

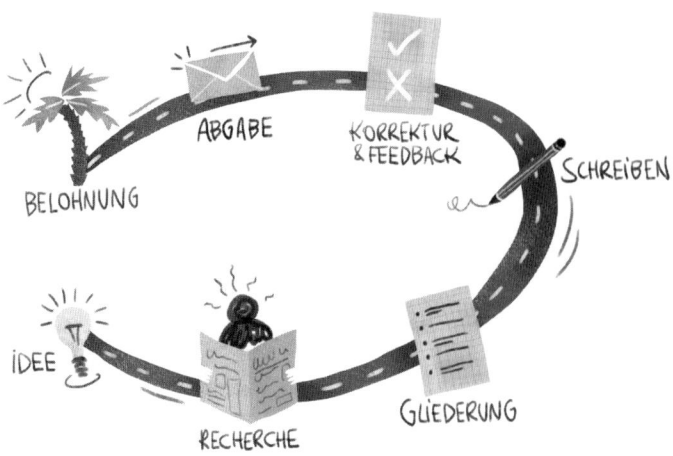

Im Lehrkontext können Sie Ihren Semesterfahrplan als Roadmap darstellen und damit Ihren Studierenden einen Überblick über die Vorlesungsthemen verschaffen.

Hierarchiebaum

Mit dem Erstellen eines Hierarchiebaums zerlegen Sie Ihr Problem visuell in Einzelkomponenten und bauen systematisch eine hierarchische Baumstruktur auf. Starten Sie mit dem Gesamtproblem und zergliedern es in seine Hauptkomponenten. Formulieren Sie zu jeder Hauptkomponente Unterelemente, denen Sie weitere Unterelemente zuordnen. Auf diese Weise entsteht Schicht für Schicht ein Baum – ähnlich wie ein Ahnenbaum – der aufzeigt, wie das Problem hierarchisch aufgebaut ist. Ein Problembereich wird so bis in seine letzten Bestandteile systematisch aufgegliedert.

Besonders flexibel macht hier das Arbeiten mit Post-its, da Problemelemente später verschoben werden können. Mit dem Hierarchiebaum erfassen Sie das gesamte System und deren Zusammenhänge, was das Verstehen des Problems fördert. Auch für Studierende, die ein Thema für ein Referat aufbereiten wollen, ist die Erstellung eines Hierarchiebaums sehr nützlich.

Storyboarding

Die Methode „Storyboarding" wurde aus der Filmbranche übernommen. Problemaspekte werden in Form von Szenen visualisiert, häufig entsteht dabei eine Geschichte. Ausgehend von einem Wunschzustand malt sich die Problemlöserin, der Problemlöser eine ideale Zukunft aus und stellt den Weg dorthin in einer Abfolge von Bildern dar. Geben Sie jedem Bild eine aussagekräftige Überschrift! Storyboarding kann für die Problemlösung verwendet werden, aber auch für den Austausch persönlicher Erfahrungen, für das Generieren von Zukunftsvisionen, für das Einarbeiten neuer Mitarbeiterinnen und Mitarbeiter oder für den Fahrplan zu einer Präsentation. Die Einsatzmöglichkeiten sind fast unbegrenzt.

Prototypenbau

Als „Prototyping" wird das Bauen eines Problems oder einer Idee als ein physisches Modell bezeichnet (Lewrick et al., 2018). Ein möglichst frühzeitiges und schnelles („rapid") Prototyping soll Probleme begreifbar machen und dazu ermutigen, Funktionen und Lösungen in der Realität zu testen. Mit einem Prototyp wird ein Problem so in Form gebracht, dass es erlebt, getestet, überprüft und bewertet werden kann. Relevante Knotenpunkte werden sichtbar. Probleme als Prototypen visualisiert, können anderen Personen gezeigt werden, diese können die Probleme nachempfinden und eine bessere Rückmeldung dazu geben. Der Prototyp muss kein 1:1-Abbild des Problems sein und die Darstellung muss nicht besonders exakt sein, sondern es geht darum, relevante Merkmale begreifbar zu machen.

Möglich ist die Erstellung von Prototypen auf dem Papier, am Computer als Skizze, über ein Video, als Präsentation oder in Form von Rollenspielen. Noch anregender für die Vorstellungskraft sind physische Prototypen. Als hilfreiche Materialien für einen Prototypen zum Anfassen eignen sich Alufolie, Filz, Folien, Geschenkbänder, Gummis, Gurte, Karton, Kleber, Knete, Luftballons, Papier, Pfeifenputzer, Schaschlickspieße, Schere, Spielzeug-Einzelteile aus dem Kinderzimmer, Stifte, Toilettenpapierrollen, Wackelaugen, Zahnstocher …

Je mehr unterschiedliche Materialien zur Verfügung stehen, desto besser.

Inspirieren Sie Ihre Studierenden und lassen Sie diese bereits in einer frühen Projektphase einen Prototyp zu einem Projektkonzept bauen.

Systemaufstellung

Mit einer Systemaufstellung stellen Sie relevante Punkte oder Beteiligte Ihres Problems räumlich dar. Identifizieren Sie zunächst die Schlüsselaspekte, ordnen Sie diesen eine Figur zu und lokalisieren Sie diese so im Raum, auf dem Tisch oder Papier, dass Größe, Position und Abstand relevante Zusammenhänge des Pro-

blems widerspiegeln. Auf diese Weise erlangen Sie Einsicht über die Problemkonstellation. Ihr Problem wird erfahrbar, Sie erkennen welche Komponenten anderen Beziehungen „im Weg stehen" und welche Problemaspekte beweglich bzw. veränderbar sind.

Diese Art der Problemdarstellung eröffnet eine neue Perspektive auf das Problem und deren Wirkzusammenhänge, wodurch neue Handlungsoptionen offenkundig werden.

Legomodellbau

Haben Sie es in Ihrer Kindheit geliebt, Legomodelle zu bauen? Sie können Ihr Problem auch mit Legosteinen nachkonstruieren. Denken Sie dabei nicht zu viel darüber nach, welchen Stein Sie wo anordnen. Lassen Sie besser Ihre Intuition ein Legomodell entwickeln und interpretieren Sie es anschließend. Bauen Sie ein Modell, das zum Ausdruck bringt, wie Ihr Problem beschaffen ist, z.B. wie

Sie Ihr neues Projektziel erreichen können. Lassen Sie Ihre Hände in einer 10- bis 15-minütigen Bauphase die Legosteine anordnen, am besten ohne darüber nachzudenken, was genau Sie da tun.

Anschließend werden die Bestandteile des Modells interpretiert. Beispielsweise symbolisieren grüne Steine für Sie kreativen Freiraum mit anregenden Gesprächen, Austausch, aber auch Teamgeist und Wettbewerb. Blaue Steine oder Türme könnten den Metablick auf das Projekt verbildlichen, damit immer wieder aus der Vogelperspektive betrachtet wird, inwieweit das Projektziel erreicht wird.

Das Arbeiten mit Lego entspannt und verbindet die Vorzüge des Spiels mit den ernsthaften Belangen eines Problemlöseprozesses. *Lego Serious Play*[1] wird seit einigen Jahren als geschützte Metho-

---

1 https://www.lego.com/de-de/seriousplay

de in Moderationsprozessen zum Projektmanagement und zur Problemlösung in Unternehmen angewandt.

Nutzen Sie immer wieder verschiedene Techniken, um Blockaden zu überwinden, testen Sie, probieren Sie aus. So erfahren Sie, welche Verfahren Ihnen persönlich besonders liegen und Sie weiterbringen. Visuelle Techniken ermöglichen einen wunderbaren Perspektivenwechsel auf Probleme. Im folgenden Kapitel wird behandelt, wie Sie Problemstellungen systematisch analysieren.

6 Methoden zur Problemspezifizierung

Kreative Prozesse leben nicht nur von unkonventioneller Ideenfindung. Für das Generieren von adäquaten Lösungen ist zu Beginn eine Phase der Problemspezifizierung notwendig. Wie in Kapitel 2.2 beschrieben, wird in einer intensiven Präparationsphase das Problem analysiert und definiert. Erst eine exakte Problemanalyse verschafft Klarheit über die Problemstellung. Komplexe Probleme sind ohne Problemspezifizierung häufig nicht vollständig überschaubar. Da sie nur schwer ganzheitlich bewältigt werden können, müssen sie vorerst in Teilprobleme zerlegt werden.

Methoden der Problemspezifizierung dienen dazu, Informationen zu einem Sachverhalt zu sammeln, diese zu strukturieren und für eine Problemlösung aufzubereiten. Die in diesem Kapitel beschriebenen Methoden, die Umlauftechnik, KJ-Methode, Progressive Abstraktion und 5-Warums-Technik, eignen sich für unterschiedliche Problemtypen und können daher vielseitig eingesetzt werden.

Umlauftechnik

Die Umlauftechnik ist eine hilfreiche Methode für Gruppen, um einen Überblick über komplexe Probleme zu erhalten und ein gemeinsames Grundverständnis des Problems zu erarbeiten. Die Methode beinhaltet drei Phasen:

(1) *Vorläufige Problemdefinition*. Bei der Umlauftechnik wird das Problem zunächst vorläufig definiert (z.B. eine neue Studie planen). Nach der vorläufigen Problemformulierung wird nicht mehr gesprochen, um den Gedankenfluss der Teilnehmenden nicht zu stören.

(2) *Sammelphase*. Nun schreiben alle Personen Karten mit Problemaspekten, pro Karte ein Aspekt. Dies können sehr abstrakte Stichpunkte sein (z.B. „Operationalisierung"), aber auch sehr konkrete (z.B. „N muss größer 500 sein"). Das Ziel ist, dass sämtliche Punkte, die dieses „Problem" betreffen, schriftlich auf den Tisch

kommen. Die beschriebenen Karten legen die Teilnehmenden links von sich ab. Wenn der eigene Gedankenfluss ins Stocken gerät, kann sich jede Person durch das Lesen der Karten inspirieren lassen, die der auf der rechten Seite sitzende Partner abgelegt hat. Bereits beschriebenen Karten wird nichts hinzugefügt, ein neuer Aspekt verdient eine neue Karte. Auch die
Karten der anderen werden wie die eigenen Karten links abgelegt. Auf diese Weise routieren alle Karten reihum und jeder Teilnehmer kann jeden Stichpunkt einmal lesen. Karten, die nach einer Runde wieder bei ihrer Verfasserin, ihrem Verfasser angelangt sind, werden in die Mitte gelegt. Die Sammlung der Problemaspekte ist beendet, wenn keine neuen Aspekte mehr einfallen, sämtliche Karten routiert sind und in der Mitte des Tisches abgelegt wurden.

(3) *Strukturierung*. Nach Sammlung aller Problemaspekte werden anschließend die Karten nach Oberbegriffen geordnet und Dubletten aussortiert. Die gesammelten Oberbegriffe und Unterstichpunkte können in einem nächsten Schritt visuell veranschaulicht werden, z.B. in einer Concept Map, einer Roadmap (vgl. Kapitel 5.3) oder der im folgenden Abschnitt beschriebenen KJ-Problemlandschaft. Auf diese Weise ergibt sich ein gemeinsames Problemverständnis.

Die Umlauftechnik eignet sich optimal für Gruppen von drei bis sieben Personen. Eine Einzelanwendung ist mit folgender Abwandlung möglich: Die Sammlung und Analyse der Problemaspekte erfolgen über einen längeren Zeitraum, am besten über mehrere Tage. Das stellt sicher, dass die Einzelperson das Problem aus verschiedenen Perspektiven immer wieder neu betrachtet. Die Methode entlastet den Kopf, da alle Aspekte verschriftlicht werden. Durch die visuelle Darstellung wird ein Überblick über das Problemfeld geschaffen. Außerdem wirkt die Methode handlungsauffordernd und motiviert, mit der Problemlösung zu starten.

Eine weitere Problemspezifizierungsmethode, die mit Karten arbeitet, dabei jedoch eine alternative Ordnungssystematik integriert, ist die KJ-Methode.

KJ-Methode

Die KJ-Methode wurde von dem japanischen Anthropologen Jiro Kawakita entwickelt und diente ursprünglich als Hilfe zur Formulierung wissenschaftlicher Hypothesen. Ziel ist es in vier Schritten eine Problemlandschaft zu entwerfen, welche die gesamte Komplexität eines Problems anschaulich darstellt, Beziehungen einsichtig macht und damit mögliche Lösungsrichtungen vorgibt.

(1) *Sammelphase*. In der Sammelphase werden sämtliche Aussagen über die Problemstellung gesammelt. Wie bei der Umlauftechnik wird jede Information auf je einer Karte notiert, allerdings müssen die Karten hier nicht systematisch routieren. Die Sammelphase der Umlauftechnik kann idealerweise der KJ-Methode vorgeschaltet werden.

(2) *Clustern*. Danach werden die Karten grob zu Stapeln sortiert. Jeder Stapel erhält eine Deckkarte, auf der ein Oberbegriff notiert ist, der den Inhalt des Kartenstapels beschreibt. Die Oberbegriffe werden erneut nach sinnvollen Kategorien zusammengefasst, bis schließlich eine überschaubare Menge an Kartenstapeln entsteht.

(3) *Anordnen der Begriffe*. Nun werden diese Stapel hinsichtlich ihrer Beziehungen und Abhängigkeiten zueinander untersucht und daraufhin sinnvoll angeordnet. Dies kann hierarchisch sein, zirkulär, einer zeitlichen Ordnung folgen, ein Fünfeck, Sechseck oder Achteck abbilden. Es sind alle Darstellungen erlaubt, die als adäquat für das Problem erscheinen.

(4) *Visualisierung von Beziehungen*. In einem letzten Schritt werden die Beziehungen zwischen den Kategorien durch Verbindungen, Pfeile und Symbole visuell dargestellt. Auf diese Weise entsteht eine Problemlandschaft, die ein komplexes Problem mit all seinen Details repräsentiert.

6 Methoden zur Problemspezifizierung

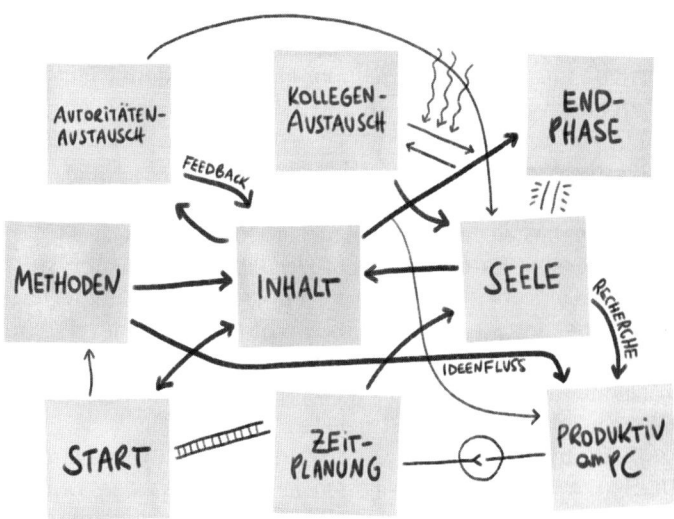

Die Erstellung einer KJ-Problemlandschaft ist ein wunderbarer Startimpuls für eine neue Projektphase, die Entwicklung eines neuen Konzepts, einer anstehenden Veranstaltung, der Neugründung eines Unternehmens, einer Studie oder Abschlussarbeit. Die Problemlandschaft orientiert, bietet einen guten Überblick und veranschaulicht die Gesamtkomplexität des Problems. Zudem kann sie mit neuen Details immer wieder ergänzt werden.

Progressive Abstraktion

Einige Probleme müssen ganz spezifisch formuliert sein um den Kern des Problems widerzuspiegeln. Ist der Problemkern nicht exakt definiert, kann auch keine adäquate Lösung gefunden werden. Bei der Progressiven Abstraktion, entwickelt von Horst Geschka (1980), wird die eigentliche Problemstellung auf Herz und Nieren geprüft, um auf den Kern des Problems durchzudringen. Die Methode führt den Problemlösenden Schritt für Schritt von einer allgemeinen Problemvorstellung hin zu einer präziseren Kerndefinition:

(1) *Vorläufige Problemdefinition.* In einem ersten Schritt wird das Problem vorläufig definiert und als Frage formuliert (z.B. „Wie kann ich ein wissenschaftlich hochwertiges Paper verfassen?").

(2) *Erstes Brainstorming.* Auf diese Frage werden spontan einige Lösungsvorschläge für das vorläufige Problem formuliert (z.B. Valide Studie, ausreichende und aktuelle Quellenangaben, …).

(3) *Problemreformulierung auf der ersten Abstraktionsstufe.* Dann wird analysiert, aus welchen Gründen diese Lösungen noch nicht zufriedenstellend sind. Dies erfolgt mit der Frage: *„Worauf kommt es eigentlich an?"*. Mit dieser Frage wird die vorläufige Problemauffassung reformuliert und spezifiziert (z.B. „Ich möchte mit meinem Paper möglichst viele Leser erreichen").

(4) *Zweites Brainstorming.* Als Frage formuliert („Wie erreiche ich mit meinem Paper möglichst viele Leser?"), werden für diese neue Problemstellung in einem Brainstorming wieder spontane Lösungen gesucht (z.B. Veröffentlichung in einem Sammelband oder einer Zeitschrift mit hoher Auflage, Koryphäe als Co-Autor engagieren, Paper zum kostenlosen Download anbieten,…).

(5) *Problemreformulierung auf der zweiten Abstraktionsstufe.* Mit der Frage: *„Worauf kommt es eigentlich an?"* wird erneut analysiert, warum die Ideen den gestellten Anforderungen noch nicht genügen. Daraufhin wird das Problem auf dem nächsthöheren Abstraktionsniveau formuliert.

Dieser Prozess wird so lange wiederholt, bis in den Brainstormingphasen Lösungsansätze generiert werden, die dem Problem am besten entsprechen. Die Perspektive der Problembetrachtung wird dadurch häufig so verändert, dass mitunter ganz andere Lösungsansätze gefunden werden, als bei der ursprünglichen Problemformulierung zu erwarten war.

Wie Tabelle 11 verdeutlicht, eignet sich die Progressive Abstraktion ausgezeichnet dazu, wissenschaftliche Fragestellungen zu schärfen.

Tabelle 11: Beispiel zur Methode „Progressive Abstraktion" zur Konkretisierung einer wissenschaftlichen Fragestellung

Problemstellung	Lösungsvorschläge
Ausgangsfrage: „Wie lassen sich die Themenbereiche Kreativität und Kommunikation miteinander verknüpfen?"	• Kreatives Denken in der Kommunikation, im Gespräch • Kreativitätsförderliche Kommunikationsstrukturen • Rhetorische Stilfiguren im kreativen Prozess **=> Lösungen unzureichend. Worauf kommt es eigentlich an?** „Ich möchte untersuchen, welche Einsatzmöglichkeiten kreatives Arbeiten in Situationen hat, in denen wir sprachlich kommunizieren."
1. Abstraktionsstufe: „Welche Einsatzmöglichkeiten kreativer Arbeitstechniken gibt es für Situationen, in den wir sprachlich kommunizieren?"	• Auswirkungen von persönlicher Kreativität auf das Gesprächsverhalten • Kreativitätstechniken für Kommunikationssituationen • Kreativität bei der Vortragsgestaltung **=> Lösungen unzureichend. Worauf kommt es eigentlich an?** „Ich möchte herausfinden inwiefern Kreativitätstechniken im rhetorischen Bereich von Nutzen sein können."
2. Abstraktionsstufe: „Inwiefern kann ich Kreativitätstechniken in rhetorischen Prozessen nutzen?"	• Kreativitätstechniken bei der Vortragsvorbereitung • Kreativitätstechniken für die Argumentation • Kreativität im spontanen sprachlichen Reagieren **=> Lösungen stellen zufrieden.**

5-Warums-Technik

Die 5-Warums-Technik wurde von Sakichi Toyoda entwickelt. Sie unterstützt dabei, der Ursache von Problemen auf den Grund zu kommen, ein besseres Verständnis von dem eigentlichen Problem zu erhalten und ein Problem nachhaltiger zu lösen. Nach einer vorläufigen Problemdefinition wird diese mit dem Fragepronomen *„warum"* in Frage gestellt. Auf die Antwort wird viermal weiter mit *„warum"* nachgefragt, bis die eigentliche Problemursache identifiziert ist. Am Kern des Problems angelangt, können effektive Lösungen mit einer Ideenfindungstechnik gesucht werden, ohne dass Zeit und Ressourcen für die Bearbeitung oberflächlicher Symptome verloren geht.

Tabelle 12: Beispiel zur „5-Warums-Technik"

Warum?	*Antwort*
Erste Problemdefinition: „Ich möchte einen Aufhänger finden, mit dem ich mein Thema auf einer wichtigen Konferenz vorstellen kann."	
1. Warum möchte ich mein Thema auf einer wichtigen Konferenz vorstellen?	Ich hätte auf der Konferenz gerne Feedback zu meiner bisherigen Vorgehensweise.
2. Warum hätte ich gerne Feedback zu meiner bisherigen Vorgehensweise?	Ich bin mir unsicher, ob ich eine wesentliche Perspektive übersehen habe.
3. Warum bin ich mir unsicher, ob ich eine wesentliche Perspektive übersehen habe?	Weil ich wenig Austausch zu meinen Fachkolleginnen und -kollegen habe.

4. Warum habe ich wenig Austausch zu meinen Fachkolleginnen und -kollegen?	Weil ich häufig alleine im Labor arbeite.
5. Warum arbeite ich häufig alleine im Labor?	Weil meine Thematik so beschaffen ist, dass ich meine Daten im Labor erhalte.

Mögliche Kernfragen, mit denen eine Ideenfindungstechnik durchgeführt werden kann:
„Wie kann ich die Zeit, die ich nicht zwingend im Labor verbringen muss, mit möglichst viel Austausch zu meinen Fachkolleginnen und -kollegen nutzen?" Oder „Wie kann ich mich auch im Labor gut mit meinen Fachkolleginnen und -kollegen austauschen?"

Zur Orientierung wird in Tabelle 13 dargestellt, welche Methode der Problemspezifizierung Sie bei welchen Problemstellungen nutzen können.

Tabelle 13: Problemspezifizierungsmethoden im Überblick

Auf den Punkt gebracht: **Wann nutzen Sie Methoden zur Problemspezifizierung?**	
Umlauftechnik	• Bei komplexen unstrukturierten Fragestellungen • Zum Sammeln aller Problemaspekte und Details einer Fragestellung • Zum Gewinnen eines Überblicks • Wenn Sie im Team ein gemeinsames Problemverständnis schaffen möchten

Auf den Punkt gebracht: Wann nutzen Sie Methoden zur Problemspezifizierung?	
KJ-Methode	• Bei komplexen unstrukturierten Fragestellungen • Zum Gewinnen eines Überblicks • Wenn Sie im Team ein gemeinsames Problemverständnis schaffen möchten • Zum Darstellen von komplexen Zusammenhängen und Beziehungsgefügen • Zur Illustration von ganzen Problemlandschaften
Progressive Abstraktion	• Zur Spezifizierung und Schärfung von Themen • Zur Identifizierung des Problemkerns
5-Warums-Technik	• Zur Identifizierung von Ursachen • Wenn Sie Ursache-Wirkung-Beziehungen aufdecken möchten

Nach einer intensiven Präparationsphase, in der wir unser Problem definiert haben und uns einen Überblick über die Problemlage verschafft, können wir nun kreative Ideen generieren. Hierbei unterstützen Methoden der Ideenfindung.

7 Methoden der Ideenfindung

Methoden der Ideenfindung stellen strukturierte Verfahren dar, die das Generieren von Lösungsansätzen stimulieren. In der Ideenfindungsphase gilt es, jederzeit vier Prinzipien zu befolgen:

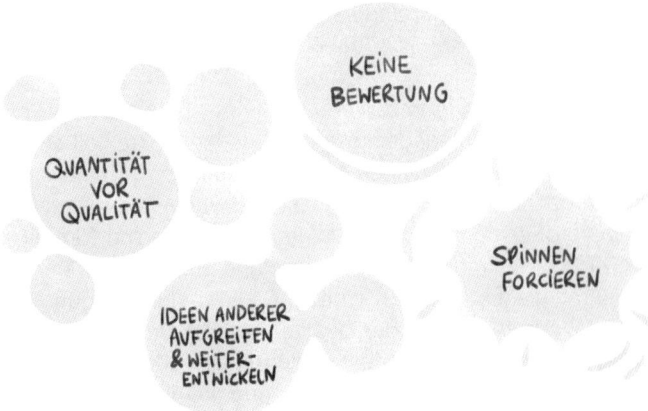

(1) Quantität vor Qualität. Assoziieren Sie in der Ideenfindungsphase vollkommen frei und ohne Grenzen. Die Aufforderung zur Quantität hat ein spontaneres Antworten zur Folge, Ideen werden enthemmter formuliert. Jede Assoziation ruft eine Vielzahl weiterer Assoziationen hervor, wodurch der Ideenfluss immer mehr zunimmt. Je mehr Ideen generiert werden, desto höher steigt die Wahrscheinlichkeit, dass auch qualitativ hochwertige Ideen produziert werden. Jede Idee ist willkommen.

(2) Keine Bewertung. Ideenfindungstechniken arbeiten nach dem Prinzip des aufgeschobenen Urteils („deferment of judgement"; Osborn, 1953, S.124), d.h., es herrscht eine klare Trennung zwischen der Ideenproduktion und der Bewertungsphase. Bewer-

tungen können den Blick zu früh einengen, das Assoziieren auf konventionelle Gedanken reduzieren und den Ideenfluss zum Versiegen bringen. So genannte „Killerphrasen" (z.B. „So ein Quatsch", „Das funktioniert doch nie" etc.) verunsichern, frustrieren und blockieren die Teilnehmenden. Das uneingeschränkte Annehmen und Visualisieren jeder Idee wirkt als positive Verstärkung, was die Problemlösenden zur weiteren Findung von Lösungsvorschlägen animiert. Auch positive Kritik kann unproduktiv sein, da durch sie die Gefahr besteht, dass der Ideenfluss zu früh unterbrochen wird. Jegliche Kritik sollte somit in der Ideenfindungsphase zurückgestellt werden.

(3) Ideen anderer aufgreifen und weiterentwickeln. Dieses Prinzip schöpft das Potential der Gruppensynergieeffekte voll aus. In Kreativsitzungen gibt es keinen Anspruch auf Ideen-Urheberrecht. Die Ideen der einen inspirieren die anderen zu weiteren Einfällen, was eine größere Quantität zur Folge hat. Jede Person formuliert Assoziationen, die möglicherweise aufgrund von Impulsen anderer Gruppenmitglieder angeregt wurden. Die Weiterentwicklung von Ideen trägt zur Steigerung der Qualität bei. Das Urheberrecht des Einzelnen an spezifischen Ideen ist hiermit aufgehoben, wodurch der Konkurrenzgedanke ausgeschaltet und die Aufgabenorientierung verstärkt werden soll. Ideen des Individuums werden somit nicht extra belohnt, sondern als gemeinsames Gruppenprodukt betrachtet.

(4) Spinnen unbedingt forcieren. Ziel dieser Regel ist, dass nicht nur viele, sondern auch möglichst verrückte Ideen generiert werden. Ohne Befolgung dieses Prinzips werden allzu gerne die bereits bekannten und erprobten Lösungen vorgeschlagen. Lassen Sie Ihrer Fantasie freien Lauf! Produzieren Sie verrückte Ideen, die Sie für absolut unrealistisch halten. Gerade in diesen Ideen steckt qualitativ hohes Potential und Originalität. Spinnen Sie richtig, baden Sie sich in Ihrer Fantasie, übertreiben Sie, geben Sie alles!

Um eine möglichst hohe Anzahl an Ideen produzieren zu können, darf gegen kein elementares Prinzip verstoßen werden. Auch bei Beachtung der Regeln werden während einer kreativen Sitzung nicht gleich viele Ideen produziert. Ein Wechsel zwischen den Techniken ist zweckmäßig, wenn Lösungsansätze vertieft werden sollen oder wenn bei einer Methode Schwierigkeiten auftreten.

> **Vertiefungsbox 8:**
> **„Qualität im Ideenfluss"**
>
> In empirischen Forschungen konnte bewiesen werden, dass die Qualität der Ideen gegen Ende einer Sitzung signifikant ansteigt und etwa drei Viertel aller guten Ideen in der zweiten Hälfte der Ideenfindungsphase produziert werden. Deswegen ist es empfehlenswert, die Illuminationsphase nicht gleich nach dem ersten Ideenfluss abzubrechen, sondern die nächste „Ideenwelle" abzuwarten. Kreative Pausen können durch Positionsveränderungen oder Antiblockade-Techniken gefüllt werden, um mit neuen Impulsen anzuregen.
> Parnes et al., 1962

Die Vielfalt der Methoden der Ideenfindung lässt sich in zwei Typen gliedern: die intuitiv-kreativen Methoden und die systematisch-analytischen Methoden. Intuitiv-kreative Methoden wirken nach den Prinzipien der Assoziation und der Intuition. Mit diesen Methoden werden wechselseitig Assoziationen und Analogien zu der Problemstellung gebildet, kombiniert, variiert, abstrahiert und zerlegt oder das Problem wird auf andere Wirklichkeitssysteme übertragen. Systematisch-analytische Methoden lenken Denkvorgänge planvoll. Sie geben Problemlösenden Systematiken an die Hand, die sie dabei unterstützen, Ideen zu produzieren, ohne sich auf die eigene Fantasie verlassen zu müssen. Mit ihnen wird die Problemstellung neu geordnet, in ihre Problemelemente zergliedert, worauf diese variiert und neu kombiniert werden.

7.1 Intuitiv-kreative Methoden

Intuitiv-kreative Methoden der Ideenfindung unterstützen uns, in Problemlösungsprozessen eine kreative Haltung einzunehmen, konformes Denken zu vermeiden und Denkblockaden zu überwinden. Vorgestellt werden die Reizwortanalyse, das Brainstorming mit Osborn-Checkliste, Brainstorming-Varianten sowie Brainwriting-Methoden.

Reizwortanalyse

Eine schnell durchführbare intuitiv-kreative Methode ist die Reizwortanalyse. Ähnlich wie die Reizbildanalyse (vgl. Kapitel 5.1) besteht die Reizwortanalyse aus zwei Phasen:

(1) *Inspirationsphase*. Zunächst wird ein zufälliges problemfremdes Reizwort ausgewählt. Das Reizwort wird nun akribisch auf all seine Eigenschaften hin analysiert. Daher sollte der Reizbegriff ein Substantiv sein, da es leichter auf Eigenschaften hin zu untersuchen ist als Adjektive oder Verben. Der Art und Weise, wie die Zufallswörter gefunden werden, sind beinahe keine Grenzen gesetzt. Gängig ist das Aufschlagen eines Lexikons und die Wahl eines beliebigen Begriffes.

(2) *Transferphase.* Anschließend wird in einem Force-Fit überprüft, was jede der Eigenschaften mit dem eigentlichen Problem zu tun hat. Durch den Verfremdungsprozess wird kurzfristig vom Thema abgelenkt und das ins Stocken geratene Denken führt von fixierten Lösungswegen zu neuen Ideen.

Tabelle 14: Beispiel zur Methode „Reizwortanalyse" mit dem Reizwort „Klebestift"

1. Inspirationsphase zu dem Reizwort „Klebestift"	2. Transferphase zu dem Problem „Wie plane ich meine nächste Studie?"
• gelb • rund • klebrig • aus Plastik • rollt • hat einen Deckel • …	• Gelb: Assoziation mit Post oder Minion: sich austauschen und von einem Helferlein unterstützen lassen => Studienidee und Grobplanung den Kolleginnen und Kollegen möglichst frühzeitig vorstellen • Rund: Studie sollte „rund" sein, d.h. anschlussfähig an bisherige Forschung => gewissenhafte Recherche vorab • Klebrig: Studie muss gut an Theorie „kleben", Studie soll Theorieaspekte „zusammenkleben" => Forschungslücken identifizieren • …

Eine Reizwortanalyse fördert die Intuition und wir werden angehalten, uns mit Details unseres Problems bewusst und aufmerksam auseinanderzusetzen. Die angeregten Strukturübertragungen fördern das Bilden völlig neuer Lösungsansätze. Auf der Website **http://sprachraum.denk-und-sprechtools.de/** können Sie sich zur Inspiration zufällige Reizworte generieren lassen.

Klassisches Brainstorming

Die wohl älteste, weltweit bekannte und am häufigsten angewandte Kreativitätstechnik ist das Brainstorming, entwickelt von Alex F. Osborn (1953). In einer Brainstorming-Sitzung produzieren nach Vorgabe der Problemstellung alle Teilnehmenden spontan so viele Ideen und Assoziationen wie möglich. Die ausgesprochenen Gedanken werden visualisiert, so dass sie Anregungen für weitere Ideen geben.

> **Vertiefungsbox 9:**
> **„Der Blockingeffekt"**
>
> Empirische Befunde zeigen, dass ein Gruppenbrainstorming weniger Ideen hervorbringt, als wenn jedes Gruppenmitglied ein Einzelbrainstorming unternimmt. Grund hierfür ist, dass die geäußerten Ideen der Gruppenmitglieder das individuelle Denken stören und den Ideenfluss zum Stocken bringen können. Die ständige Konfrontation mit Denkinhalten anderer kann sich in Gruppensitzungen störend auf eine Person auswirken, so dass sie selbst keine Ideen mehr produzieren kann. Dieser Effekt wird als „Blockingeffekt" bezeichnet und ist in der Psychologie auch unter den Bezeichnungen „Assembly-Effekt", „Psychologische Interdependenz" und „Non-Summativität" bekannt.
>
> Die Regel „Ideen Anderer aufgreifen und weiterentwickeln" kann jedoch nur in einem Gruppenbrainstorming gelebt werden. Dem Blockingeffekt entgegen wirken Brainwriting-Methoden (vgl. S. 94ff.) oder eine Kombination aus Einzelarbeit und Gruppenarbeit.
>
> Paulus & Brown, 2003; Smith, 2003

Brainstorming ist der „Prototyp" kreativer Teamarbeit. Es ist eine leicht durchzuführende, überall anwendbare Technik und sinnvoll, wenn die Gruppe nur wenig Zeit zur Verfügung hat. Sie bringt aufgrund des Quantitätsprinzips eine Menge an Ideen hervor. Die Qualität der Ergebnisse ist allerdings häufig nicht außergewöhnlich kreativ oder übermäßig ungewöhnlich.

Bei einem Ein-Personen-Brainstorming empfiehlt es sich, die Einfälle mit einem Gerät aufzunehmen, damit der Ideenfluss nicht durch den Schreibprozess verzögert wird. Die Bewertungsphase sollte zudem nicht sofort im Anschluss erfolgen, sondern ein bis zwei Tage später, um eine objektivere Herangehensweise zu gewährleisten.

Für alle Brainstormingtechniken eignen sich offene Fragestellungen wie beispielsweise: „Wie kann ich meine Studierenden motivieren, ihre Referate interaktiver zu halten?", „Wie lockere ich meine Lehrveranstaltungen auf?", „Wie überzeuge ich meine Zuhörerschaft auf Konferenzen von meiner Arbeit?", „Wie bringe ich meine wissenschaftlichen Hilfskräfte dazu eigenverantwortlich und zuverlässig zu arbeiten?", „Wie kann ich meine Doktorarbeit vermarkten?", „Wie steigere ich die Kreativität / Motivation / offene Kommunikation in meinem Team?", „Wie kann ich Forschungsgelder einwerben?" u.v.m.

Tabelle 15: Beispiel zur Methode „Brainstorming"

Brainstorming zur Frage: „Wie kann ich meine Doktorarbeit vermarkten?"
Auf meine Website setzen, Blog schreiben, meinen Professor fragen, weitere Konferenzen besuchen, auf Facebook- oder Instagram-Gruppen posten, von Bekannten Amazon-Rezension schreiben lassen, in Seminaren auslegen, Konferenzen besuchen und darauf verweisen, auf Wissenschaftsplattformen bekannt machen, Autoren die ich zitiert habe anschreiben, Symposium veranstalten, vernetzte Wissenschaftler aus anderen Unis bitten es über die Bibliothek anschaffen zu lassen, in jeder weiteren Publikation als Literaturangabe aufnehmen, Buchhandlungen in meiner Umgebung zur Auslage anbieten, Erklärvideo über den Inhalt erstellen, Artikel in Fachzeitschrift, Flyer auslegen, andere Absolventen fragen, Recherche zu der Frage: „Wer soll es denn überhaupt lesen?", weitere Artikel schreiben und darauf verweisen, Thema Wissenschafts-Radiosendern anbieten...

Wenn „Originalität" ein wichtiges Kriterium für Ihre Lösung ist, so sind der zusätzliche Einsatz der Osborn-Checkliste oder zwei Varianten des Brainstormings, nämlich die Flip-Flop–Technik oder das imaginäre Brainstorming, empfehlenswert. Die drei Methoden werden in den folgenden Abschnitten beschrieben.

Osborn-Checkliste

Die Osborn-Checkliste wurde von dem Erfinder des Brainstormings konstruiert, um die Ideen, die in einem Brainstorming generiert werden, in einer zweiten Phase qualitativ zu optimieren. Die Methode kann jedoch auch angewandt werden, ohne vorab ein Brainstorming durchzuführen.

Anhand einer Fragechecklist wird der Problemlöser mit vorgegebenen Reizfragen stimuliert. Die Checkliste versucht, Hilfen und Hinweise für den Denkverlauf anzubieten, um das betrachtete Umfeld zu erweitern. Die Problemlöser werden mit den Fragen konfrontiert, die in Tabelle 16 aufgeführt sind.

Tabelle 16: Osborn-Checkliste

1. Zweckänderung	Kann der Sachverhalt auch anders verwendet oder eingesetzt werden?
2. Adaption	Wem ähnelt das Problem? Welche andere Idee suggeriert es? Gibt es analoge Beispiele in der Vergangenheit? Was kann davon übernommen oder kopiert werden?
3. Modifikation	Lässt sich durch Verändern eine Lösung finden, durch eine neue Form? Was geschieht, wenn der Zweck, die Farbe, Bewegung, der Ton, Geruch, das Aussehen verändert wird?

4. Vergrößerung	Was passiert, wenn der Sachverhalt vergrößert, übertrieben dargestellt, etwas hinzugefügt, mehr Zeit darauf verwendet wird? Lässt es sich verdoppeln, verdreifachen?
5. Verkleinerung	Welche Ideen finden sich, wenn das Problem verkleinert wird, etwas weggenommen, halbiert wird?
6. Substitution	Welche anderen Lösungen sind möglich, wenn Bestandteile ersetzt werden? Welche anderen Materialien, Energiequellen, Standorte sind möglich?
7. Umgruppierung	Lassen sich Bestandteile rearrangieren, die Reihenfolge oder Geschwindigkeit verändern, Ursache und Wirkung vertauschen?
8. Umkehrung	Kann man den Sachverhalt in sein Gegenteil verkehren? Was passiert, wenn die Rollen vertauscht, die Reihenfolge umgekehrt wird?
9. Kombination	Können mehrere Objekte zu einem verbunden werden? Lässt sich eine andere Mischung, Auswahl oder Gruppierung verwirklichen?

Jede der neun Denkrichtungen sollte ausführlich in einem kurzen Brainstorming auf Lösungsmöglichkeiten untersucht werden. In einem ersten Schritt werden die Fragen ohne Bewertung mit dem größtmöglichen Spielraum beantwortet. Vergessen Sie nicht, verrückte Übertreibungen zu forcieren! In einem zweiten Schritt können Sie Ihre Antworten einer realistischen Prüfung unterziehen.

Die Osborn-Checkliste ist sowohl für die Einzelarbeit als auch für Gruppen geeignet. In der Wissenschaft kann die Osborn-Checkliste beispielsweise verwendet werden, um wissenschaftliche Ergebnisse zu interpretieren, Stoff für den Diskussionsteil einer Arbeit zu finden oder einen Konferenzvortrag auf Optimierungsmöglichkeiten zu prüfen. So könnten beispielsweise folgende Fragen zu einer überzeugenden Präsentation beitragen:

Tabelle 17: Beispiel zur Methode „Osborn-Checkliste" zu einem überzeugenden Konferenzvortrag

1. Zweckänderung	Was fehlt, damit der Vortrag zu einer Werbebotschaft wird? Zu einer Gebrauchsanweisung, Liebesroman...? (Hier gewinnt der Vortragende unter Umständen Ideen, die für seinen Vortrag nützliche Anregungen geben können).
2. Adaption	Wem ähnelt das Problem/das Redethema? Welche weiteren Argumente und Beispiele sind aus dieser Analogie zu ziehen? Kommen weitere Ideen, wenn die Argumente an Kinderbedürfnisse angepasst werden? Überzeugen die Argumente auch Jugendliche/Senioren usw.? Welche ähnlichen Beispiele gab es in der Vergangenheit? Mit welchen Konsequenzen?
3. Modifikation	Was passiert, wenn Präsentationsanfang und -schluss vertauscht werden? Lässt sich das Thema ändern? Kann durch farbliche Gestaltung, Bewegung, Klang, Geruch etc. eine bessere Wirkung erzielt werden?
4. Vergrößerung	Welche Aspekte meiner Fragestellung kann ich übertreiben? Welche Vortragselemente könnten verlängert werden? Können noch weitere Argumente/Beispiele/Alternativen angebracht werden? Wo können Übertreibungen eingesetzt werden?

5. Verkleinerung	Welche Ergebnisse kann ich weglassen? Wo kann die Präsentation gekürzt werden? Welche Argumente sind schwach? Wo kann untertrieben werden?
6. Substitution	Was für eine andere Herangehensweise an das Thema ist möglich? Welche sprachlichen Elemente lassen sich durch Visualisierung verdeutlichen? Welche Visualisierungen lassen sich ersetzen?
7. Umgruppierung	Was passiert, wenn Bestandteile neu gruppiert werden, die Reihenfolge verändert wird, deduktive in induktive Argumente umgewandelt werden?
8. Umkehrung	Was könnte die Zuhörerschaft diskutieren? Wie könnte ich das Publikum zu eigenen Argumenten dafür oder dagegen animieren? Welche Fragen können gestellt werden, um Interaktionen herzustellen? Lassen sich negative Argumente in positive umwandeln?
9. Kombination	Welche Vortragsteile lassen sich anders kombinieren? Lassen sich Teile mit audiovisuellen Medien kombinieren? Lassen sich Alternativen kombinieren?

Flip-Flop-Technik

Eine Variante des Brainstormings ist die von Edward de Bono entwickelte Flip-Flop-Technik. Mit der Flip-Flop-Technik (auch „Umkehrtechnik" oder „Kopfstandmethode") wird die ursprüngliche Fragestellung für das Brainstorming genau in das Gegenteil verkehrt und somit eine paradoxe Aufgabenstellung formuliert. Beispielsweise wird das Problem „Wie schaffe ich es, dass meine Studierenden statistische Testverfahren verstehen und anwenden lernen?" in das Gegenteil umgewandelt mit der Fragestellung „Wie schaffe ich es, dass meine Studierenden garantiert nie statistische Testverfahren verstehen werden?"

Die entgegengesetzte Perspektive amüsiert, motiviert und animiert viele unerwartete Ideen zu denken. Erst nach Ende der Ideenfindungsphase werden die Lösungsansätze umgekehrt und auf die ursprüngliche Fragestellung in einem Force-Fit übertragen. Dabei müssen die Eigenschaften nicht unbedingt zu wörtlich übertragen werden. Denkverbindungen werden hergestellt, indem die Eigenschaften der Idee mit den Merkmalen des Problems verglichen werden und als Reizwörter zur Knüpfung von Assoziationen dienen. Die Ideen werden sozusagen „auf die Füße gestellt".

Tabelle 18: Beispiel zur „Flip-Flop-Technik"

Flip-Flop-Frage: „Wie schaffe ich es, dass meine Studierenden statistische Testverfahren garantiert nie verstehen?"	Force-Fit „Wie bringe ich meinen Studierenden lernförderlich statistische Testverfahren bei?"
• Ich nuschel, erkläre wirres Zeug • Keine Unterlagen herausgeben • Lange Kaffeepausen • Angst aufbauen • Mit Strafen drohen, wenn sie das lernen • Einmal sagen, nie wiederholen • Laute Musik im Hörsaal, störender Lärm • Keine Beispiele • Ablenkung durch Internet gewährleisten	• Gutes rhetorisches Ausdrucksverhalten • Nachvollziehbare Struktur • Materialien mit Beispielen zur Verfügung stellen • Kurze Pausen • Positive Lernatmosphäre herstellen • Zu Fragen ermutigen • Fehlerkultur leben • Gute Fragen belohnen • Angemessene Redundanz, in unterschiedlicher Wortwahl wiederholen

Flip-Flop-Frage: „Wie schaffe ich es, dass meine Studierenden statistische Testverfahren garantiert nie verstehen?"	Force-Fit „Wie bringe ich meinen Studierenden lernförderlich statistische Testverfahren bei?"
• Ich lache die Studierenden aus und mache sie fertig, wenn sie Fragen haben • …	• Für Ruhe sorgen • Beispiele aus dem Alltag der Studierenden anbringen • Selbst Beispiele im Internet suchen lassen • Studierende für ihre Mitarbeit wertschätzen • …

Imaginäres Brainstorming

Eine weitere Brainstorming-Variante ist das von Arthur Keller (1971) entwickelte imaginäre Brainstorming. Mit einem imaginären Brainstorming werden die Bedingungen der ursprünglichen Problemstellung derart verändert, dass Fixationen aufgehoben werden und verrückte Ideen geradezu provoziert werden. Beispielsweise wird das Problem „Wie erkläre ich meinen Studierenden statistische Testverfahren?" verfremdet zu der Fragestellung „Wie bringe ich Marsweibchen und -männchen Bootfahren bei?" Zu dieser „imaginären" verrückten Fragestellung wird ein Brainstorming durchgeführt. Erst nach Ende der Ideenfindungsphase werden die Lösungsansätze in einem Force-Fit auf das ursprüngliche Problem übertragen.

Tabelle 19: Beispiel zur Methode „Imaginäres Brainstorming"

Imaginäre Frage: „Wie bringe ich Marsweibchen und -männchen Bootfahren bei?"	Force-Fit „Wie bringe ich meinen Studierenden lernförderlich statistische Testverfahren bei?"
• Erstmal ihre Sprache lernen • Bootfahren vormachen • Fragen, wie Marsianer andere Sachen gut gelernt haben • Theorie und Praxis gut aufeinander aufbauen • Durch Applaus motivieren, belohnen mit gutem Essen • Ein Gummiboot beschaffen und Marsianer viel selbst ausprobieren lassen • Bootsführerschein mit Fanfare und Feuerwerk überreichen • …	• Vorwissen erfragen und direkt daran anknüpfen • Anwendung vormachen • Fragen, unter welchen Bedingungen Studierende gut lernen und diese schaffen • Materialien für selbständiges Üben bereitstellen • Kekse zur Aufmunterung anbieten • Daten zu spannenden Forschungsfragen selbst ausprobieren lassen. • Am Semesterende eine Auszeichnung/Würdigung für erfolgreiches Bestehen • …

Brainwriting

Brainwriting-Methoden beruhen auf den Prinzipien des Brainstormings, die Ideen werden jedoch schriftlich formuliert. Dies ergab sich aus der Beobachtung, dass manche Gruppen keine befriedigenden Ergebnisse produzieren, weil sie entweder Schwierigkeiten hatten, die Brainstormingregeln einzuhalten oder aufgrund des Blockingeffekts (vgl. Vertiefungsbox 9, S.86) der Ideenfluss behindert wurde.

Bei Brainwriting-Techniken werden Ideen spontan auf Blätter niedergeschrieben. Diese Zettel werden dann nach einem bestimmten Schema für alle Teilnehmenden zugänglich gemacht. Dies kann beispielsweise über im Raum verteilte Plakate, ähnlich einer Vernissage, realisiert werden. Alle können sich frei bewegen und ihre Gedanken auf die Plakate notieren. Jedes Gruppenmitglied ist in gleichem Maße in den Prozess eingebunden, alle Teilnehmenden werden aktiviert. Anders als im mündlichen Brainstorming, kann keine Person dominieren. Die im Kapitel 6 beschriebene Umlauftechnik ist ebenfalls eine Variante des Brainwriting und kann als Ideenfindungsmethode eingesetzt werden.

6-3-5-Technik

Eine sehr beliebte Brainwriting-Variante, die das Aufgreifen und Weiterentwickeln von Ideen verstärkt, ist die von Bernd Rohrbach entwickelte 6-3-5-Technik. **Sechs** Personen notieren **drei** Ideen innerhalb von **fünf** Minuten auf je einem Formular. Die sechs Formulare rotieren danach reihum. Jeder Teilnehmer formuliert drei neue Ideen auf dem nächsten Blatt. Auch dieses Blatt wird dann weitergeschoben, bis am Ende jeder Teilnehmende auf jedem Formular drei Ideen verfasst hat. Das Ergebnis dieser Methode sind sechs Formulare mit je 18 Ideen.

Die Anwender werden mit der Rotationssystematik durch bereits notierte Einfälle angeregt. Die niedergeschriebene Idee kann eine Ergänzung der Vorgänger-Idee sein, eine Variation davon oder ein völlig neuer Einfall. Durch das Weiterentwickeln aufgegriffener

Ideen, wird die Qualität gesteigert. So werden in ca. 30 Minuten eine relativ große Menge an Lösungsvorschlägen produziert. Häufig rotieren die Formulare zunächst schneller und später wird mehr Zeit für das Lesen und Nachdenken benötigt. Die Formularrotation ist daher flexibel vorzunehmen, Sie müssen sich nicht starr an die 5-Minuten-Regel halten.

Eine intuitive Bewertung kann in die Methode integriert werden, indem am Ende jeder Teilnehmer auf jedem Blatt seinen favorisierten Vorschlag ankreuzt. Wenn mehrere 6-3-5-Gruppen parallel arbeiten, kann die Anzahl der Teilnehmer beliebig erhöht werden. Zudem entsteht durch das schriftliche Verfahren automatisch ein Ideenprotokoll.

Als digitale Variante kann die 6-3-5-Technik auch per Mail durchgeführt werden. Eine Person schickt drei Lösungsvorschläge an ein Gruppenmitglied. Die nächste Person ergänzt die Vorschläge um drei weitere Ideen und sendet diese gesammelt an ein drittes Gruppenmitglied. Die Lösungsvorschläge werden reihum von allen weiterentwickelt und werden zum Schluss wieder an die ursprüngliche Verfasserin, den ursprünglichen Verfasser zurückgeschickt.

Intuitiv-kreative Methoden sprechen die Intuition und das freie Assoziationsvermögen der Problemlösenden an. Bei einigen Problemen ist jedoch eine systematischere Verfahrensweise von Vorteil.

7.2 Systematisch-analytische Methoden

Systematisch-analytische Methoden versuchen, Lösungsrichtungen durch planvolles Denken herauszuarbeiten. Die Techniken sind sowohl für die Gruppen- als auch für die Einzelarbeit geeignet. Häufig genutzte Methoden sind der Morphologische Kasten, das Attribute-Listing und der Problemlösungsbaum.

Morphologischer Kasten

Der Morphologische Kasten wurde von dem Schweizer Fritz Zwicky entwickelt. Morphologie (griechisch für Lehre des geordneten Denkens) ist besonders eingängig für Personen, die es gewohnt sind, technisch-analytisch zu denken. Die Methode läuft in drei Phasen ab:

(1) *Analyse der Eigenschaften.* Mit der Methode des morphologischen Kastens wird das Problem in einem ersten Schritt systematisch in seine Merkmale zersetzt. Es werden alle Parameter aufgelistet, die das Problem in irgendeiner Weise bestimmen oder beeinflussen.

(2) *Auflistung der möglichen Ausprägungen.* Anschließend werden je Parameter sämtliche denkbaren Ausprägungen aufgelistet. Damit werden komplexe Sachverhalte analytisch durchdrungen.

(3) *Kombinationsphase.* In einem dritten Schritt werden die einzelnen Elemente zu neuen Ganzheiten kombiniert. Dadurch ergibt sich eine Fülle von Kombinationen, von der jede einzelne eine Lösung darstellt. Die Kombination der Ausprägungen soll möglichst vorurteilsfrei erfolgen, um die Qualität der dadurch entstehenden Lösungen zu erhöhen. Sie können die verschiedenen Ausprägungen intuitiv kombinieren, unter gewissen Zielvorgaben systematisch auswählen oder Sie kombinieren nach dem Zufallsprinzip – probieren Sie einfach einige Varianten aus! Erst nach dem Generieren unterschiedlicher Kombinationen werden die Lösungen auf ihre Wirksamkeit hin überprüft.

Mit dem Morphologischen Kasten werden Erfindungen und Entdeckungen auf methodische Weise produziert. Die Intuition wird angeregt, ohne sich auf den Zufall und die Fantasie verlassen zu müssen. Da rein theoretisch mit dem Erstellen eines Morphologischen Kastens jede denkbare Lösung enhalten ist, wird die Methode auch als „Totallösungssystem" bezeichnet. Das Aufbauen eines Morphologischen Kastens erfordert fundiertes fachliches Wissen über den betreffenden Problembereich. Er ist besonders geeignet für komplexe Probleme, da sehr viele Informationen in verdichteter Form aufgenommen werden können. Vorteilhaft ist, dass die Erstellung eines Morphologischen Kastens die gleichzeitige Visualisierung der Lösungen integriert.

Im Hochschulkontext ist der Morphologische Kasten beispielsweise für folgende Fragestellungen zu verwenden: „Mit welchem Studiendesign kann ich meine Forschungsfrage beantworten?", „Wie gestalte ich den nächsten Projektantrag?" oder „Wie konzipiere ich meine nächste Lehrveranstaltung?"

Tabelle 20: Beispiel eines „Morphologischen Kasten" zur Problemstellung „Mit welchem Studiendesign kann ich meine Forschungsfrage beantworten?"

Parameter	Ausprägungen			
Stichprobengröße	Unter 20	21-100	101-500	Über 500
Personenauswahl	Geschichtete Verfahren	Klumpenverfahren	Mehrstufige Verfahren	Kombination
Aktivitäten der Forschenden	Introspektion	Befragung	Verhaltensbeobachtung	Analyse von Verhaltensergebnissen
Raum	Labor	Feld	-	-
Strategie	Systematisches Vorgehen	Quasiexperiment	Echtes Experiment	-
Medium	Mündlich: Interview	Schriftlich: Fragebogen	Schriftlich: elektronisch	-
Antworten	Vorgegeben, multiple choice	Frei, offen	-	-
Lösungskonzept				

Spannend ist, dass der Morphologische Kasten, einmal ausgearbeitet, unter verschiedenen Gesichtspunkten immer wieder genutzt werden kann. Bleiben wir bei dem Beispiel des Studiendesigns, so kann der morphologische Kasten für unterschiedliche Forschungsfragen immer wieder verwendet werden und die Parameter entsprechend der Frage sinnvoll oder kreativ neu kombiniert werden.

Der Morphologische Kasten bietet eine Übersicht über eine Vielzahl an Kombinationsmöglichkeiten zur Produktion neuer Lösungen. Eine Technik, die bereits bestehende Lösungen weiterentwickelt, ist das Attribute Listing.

Attribute Listing

Die Attribute-Listing-Methode wurde von Robert Platt Crawford konzipiert. Sie wird dann angewandt, wenn ein bestehendes Produkt oder Verfahren verbessert oder weiterentwickelt werden soll. Die Vorgehensweise erfolgt in drei Schritten:

(1) *Analyse der Eigenschaften.* Wie beim Morphologischen Kasten werden auch hier in einer ersten Phase alle charakteristischen Eigenschaften der Problemstellung aufgelistet.

(2) *Beschreibung von Ist-Zustand und erwünschter Entwicklungsrichtung.* Danach wird in einer weiteren Spalte der Ist-Zustand beschrieben. Um systematische Anregungen für eine Verbesserung zu finden, wird in einer dritten Spalte die erwünschte Entwicklungsrichtung formuliert.

(3) *Auflistung möglicher Ausprägungen.* Nun wird jedes Merkmal auf jede erdenkliche Art modifiziert. Durch den Fokus auf die Veränderung einzelner Merkmale entstehen detaillierte Optimierungsideen, die einem bei einer ganzheitlichen Betrachtung in der Regel nicht so leicht einfallen.

Erst anschließend werden die erwünschten Gestaltungsvariationen auf ihre Brauchbarkeit und Anwendungsmöglichkeit hin geprüft. Für die Anwendung des Attribute Listing eignen sich Fragestellungen wie beispielsweise: „Wie kann ich mein Paper verbessern?", „Wie gestalte ich meinen Arbeitsplatz kreativer?", „Wie präsentiere ich meinen Konferenzvortrag überzeugender?", „Wie kann ich die derzeitige Umsetzung meiner Forschungsidee noch optimieren?"

Tabelle 21: Beispiel eines „Attribute Listing" zur Problemstellung: „Wie fördere ich in meinem Seminar aktive Lernprozesse?"

Merkmal	Derzeitige Lösung	Erwünschte Entwicklungsmöglichkeit	Mögliche andere Gestaltung
Teilnehmerzahl	30	Intensiverer Austausch	10-20, intensivere Gruppenarbeiten, Freitag früh Kurs abhalten => reduziert Teilnehmerzahl
Format	1,5 stündig, wöchentlich	mehr Zeit	Blockseminar am Wochenende, Pausen zwischen den Wochen, um intensivere Recherche d. Gruppen zu fördern
Inhalte	Problemlösen, Denkrichtungen, Funktionen von Sprache	Mehr Freiwilligkeit	Open Space: Studis sollen einen gewünschten Teilbereich aussuchen und recherchieren

Methoden	Input, Referate, Diskussion	Aktivere Mitarbeit	Fallbeispiele einbringen, Simulationen durchspielen lassen, Gruppenarbeiten, Referatsgruppen Lehr-/Lernmethoden einbinden lassen, Diskussionsmethoden anwenden, Exkursionen unternehmen
Materialien	Texte, PowerPoint-Folien	Mehr Varianz	Erklärvideos, Podcasts, Experteninterview
…	…		…

Problemlösungsbaum

Der Problemlösungsbaum ist eine weitere Variante, Ideen strukturiert zu generieren. Mit ihm werden die Lösungsvorschläge in geordneter Form erfasst. Visuell ist der Problemlösungsbaum nach einer hierarchischen Baumstruktur, analog zum Hierarchiebaum (vgl. Kapitel 5.3) aufgebaut. Dabei wird versucht, zuerst die elementaren Punkte aufzulisten und in späteren Folgeverästelungen solche, die weniger Unterschiede zwischen den Alternativen beschreiben.

Jede Verästelung erfolgt unter einem bestimmten Gesichtspunkt. Sie starten mit dem Gesamtproblem und formulieren als erste Unterebene grobe Ideenrichtungen. Die erste Verästelung repräsentiert eine grundlegende Unterscheidung der alternativen Ideen. Jede grobe Ideenrichtung wird im Einzelnen weiterverfolgt, die Unterelemente werden detaillierter und gehen immer mehr in die Tiefe. Auf diese Weise entsteht Schicht für Schicht ein Baum, der die produzierten Ideen strukturiert aufzeigt. Bei dieser Technik geht es weniger darum, möglichst viele Ideen zu generieren, sondern sich Schritt für Schritt einer Ideallösung anzunähern.

7.2 Systematisch-analytische Methoden 103

Tabelle 22: Beispiel eines „Problemlösungsbaum" zur Problemstellung „Studierende lesen die Texte nicht".

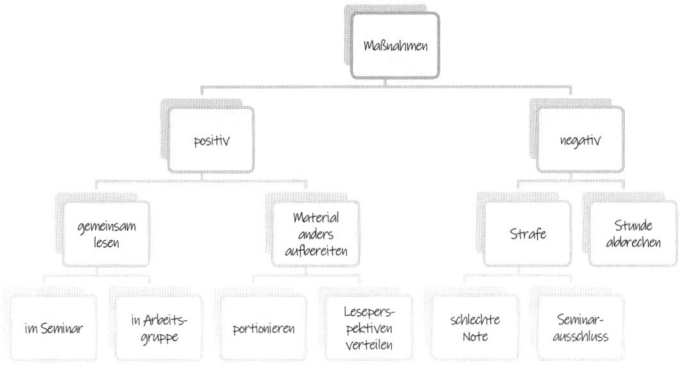

Der Problemlösungsbaum eignet sich auch als Szenario-Technik:

Tabelle 23: Beispiel eines „Problemlösungsbaum" als Szenariotechnik

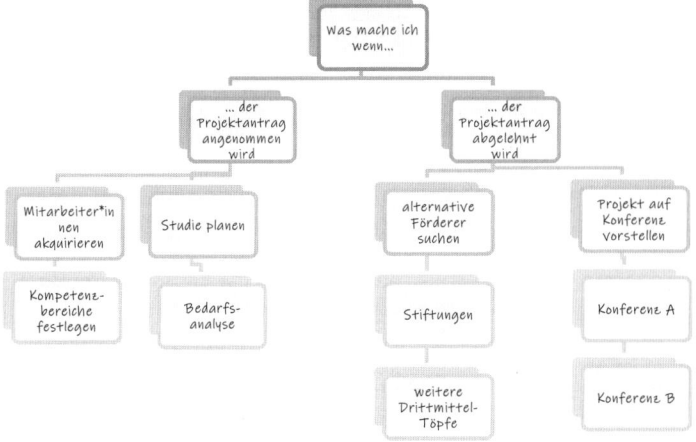

Die eben vorgestellten Ideenfindungsmethoden repräsentieren unterschiedliche Herangehensweisen. Das Anwenden der Kreativitätstechniken darf durchaus anstrengend sein, sollte jedoch gleichzeitig Spaß machen. Nicht jede Methode geht jedem Menschen gleich von der Hand. Sollten Sie bei einer Technik stocken, wandeln Sie die Methode ab und passen Sie diese an, so dass sie auf Ihre individuelle Situation abgestimmt ist. Manchmal passen Methode und Problemstellung weniger gut zusammen – dann wechseln Sie die Methode.

Zur Orientierung wird in Tabelle 24 dargestellt, welche Methode der Ideenfindung Sie bei welchen Fragestellungen verwenden können.

Tabelle 24: Ideenfindungsmethoden im Überblick

Auf den Punkt gebracht: Wann nutzen Sie Methoden zur Ideenfindung?	
Reizwortanalyse	• Wenn Sie zur Lösung Ihres Problems einen ganz neuen, fremden Impuls benötigen
Klassisches Brainstorming	• Wenn viele unterschiedliche Lösungsmöglichkeiten gesucht sind • Für Fragestellungen, bei denen freies Assoziieren leicht fällt
Osborn-Checkliste	• Als qualitative Verbesserung von Ideen nach einer Brainstormingsitzung • Bei ansprechenden Vorschlägen, aus denen Sie noch das Beste herausholen wollen • Zur Modifikation bereits bestehender Konzepte
Flip-Flop-Technik	• Bei Motivationsproblemen • Wenn es einer Gruppe schwerfällt, die Bewertung außen vor zu lassen

Auf den Punkt gebracht:
Wann nutzen Sie Methoden zur Ideenfindung?

Imaginäres Brainstorming	• Zur Betrachtung des Problems aus einer ganz anderen Perspektive • Wenn Sie das Problem schon so oft betrachtet haben, dass es Ihnen schwerfällt, neue Ideen zu generieren • Zum Querdenken und verrückt Denken
Brainwriting und 6-3-5-Technik	• Zum Gewinnen unterschiedlicher Perspektiven auf ein Problem • Wenn jede Idee gesehen werden soll • Wenn einzelne Ideen weiterentwickelt und kombiniert werden sollen • Wenn Hierarchien in Gruppen überwunden werden sollen
Morphologischer Kasten	• Für Problemstellungen, die systematisch in ihre Eigenschaften zu zergliedern sind • Wenn Sie eine unendliche Kombination von Möglichkeiten suchen („Totallösungsbaum") • Wenn Sie ein Grundgerüst benötigen, dass unter verschiedenen Zielvorgaben immer wieder neue Ideenkombinationen beinhaltet
Attribute Listing	• Zur Überprüfung und Optimierung eines bestehenden Konzeptes • Wenn Ihre Lösung im Gesamten bestehen bleiben soll, Sie jedoch im Detail Verbesserungen vornehmen möchten

Auf den Punkt gebracht: Wann nutzen Sie Methoden zur Ideenfindung?	
Problemlösungsbaum	• Zur hierarchischen Darstellung von Themen, Problemen oder Fragestellungen • Wenn Sie bei Fragestellungen in einem Bereich ins Detail denken möchten • Zur Ausarbeitung von Szenarien

Das Analysieren des Problems und das Produzieren möglichst vieler Ideen reichen in der Regel nicht aus, um eine fertige Lösung präsentieren zu können. Erst in der Verifikationsphase, in der die Bewertung der Ideen erfolgt, wird der kreative Prozess idealtypisch abgeschlossen (vgl. Kapitel 2.2). Techniken für die Bewertungsphase werden im folgenden Kapitel erläutert.

8 Bewertungsmethoden

Mit der Durchführung einer geeigneten Ideenfindungsmethode wird in der Regel eine große Anzahl an Ideen produziert. Um die Lösungen herauszufiltern, die letztendlich umgesetzt werden, sind die Ideen in der Verifikationsphase zu evaluieren. Hierbei sind Bewertungsmethoden von hohem Nutzen. Eine wichtige Eigenschaft dieser Methoden ist, dass mit ihrer Durchführung keine absolute Wertigkeit (also beispielsweise Vorschlag B ist um 12% besser als Vorschlag A), sondern nur relative Wertigkeiten (Vorschlag B ist besser als Vorschlag A) hergestellt werden.

Zu unterscheiden sind Verfahren, die eine überschaubare Idee im Gesamten bewerten, Methoden, mit denen Sie eine komplexe Lösung ohne Aufstellung differenzierter Kriterien evaluieren und Verfahren, die differenzierte Kriterien der Idee prüfen.

8.1 Intuitive Gesamtbewertung

Methoden der intuitiven Gesamtbewertung sind Werkzeuge, anhand derer schnell Meinungsbilder eingeholt werden können. Die Lösungsvorschläge werden als Ganzes bewertet, die Bewertung erfolgt meist spontan. Hierfür eignen sich die Punktabfrage, der Paarvergleich und die Klassenbildung.

Punktabfrage

Ein beliebtes Entscheidungsinstrument zur Spontanbewertung durch die Gruppe ist die Punktabfrage, die auch als „Favoritenkür" oder „Rosinenpicken" (Lipp & Will, 2008) bezeichnet wird. Jeder Teilnehmer klebt auf die Idee, die er bevorzugt, einen Punkt. Als Variante kann auch mit einem Punktebudget gearbeitet werden, bei dem jedes Gruppenmitglied eine vorher festgelegte Anzahl an Punkten vergibt. In der Regel ergeben sich zwei bis drei Ideen, die von mehreren Teilnehmenden ausgewählt werden. Das erleichtert die endgültige Entscheidungsfindung.

Qualitativ erzielt das Verfahren der Punktabfrage eine hochwertigere Entscheidungsbasis, wenn jeder Teilnehmende für seine Favoritenidee Argumente präsentiert. Durch die Argumentation werden die Hintergründe jeder Auswahl bekannt. Auch das Ablehnen von Ideen sollte in der Bewertungsphase begründet werden, da gute Argumente oftmals neue Ideen anregen.

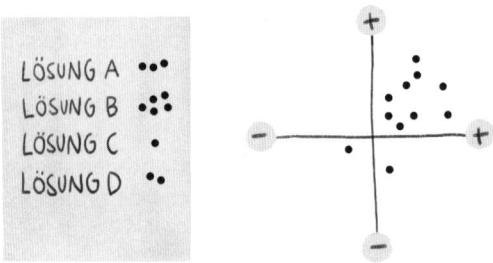

In Lehrveranstaltungen kann die Punktabfrage genutzt werden, um thematische Schwerpunkte von Studierenden setzen zu lassen. Das Verfahren eignet sich auch zum Abfragen von Meinungsbildern. Einen schnellen Überblick über die Heterogenität Ihrer Studierenden erhalten Sie, wenn Sie eine Gerade an den zwei Enden mit „hoch" und „gering" beschriften und beispielsweise mit der Frage „Wie hoch ist Ihr Vorwissen zu dem Thema ‚Deutsche Dialekte im Mittelalter'?" die Studierenden ihren Wissensstand punkten lassen. Ein schnelles Feedback bekommen Sie von den Studierenden, wenn Sie ein Koordinatensystem mit zwei für Sie feedbackrelevanten Dimensionen bepunkten lassen.

Paarvergleich

Eine weitere Methode der intuitiven Gesamtbewertung ist der Paarvergleich. Ein Paarvergleich ist besonders praktisch, wenn die

Anzahl an Lösungen überschaubar ist und eine Person alleine die Entscheidung fällen möchte. Jeder Vorschlag wird paarweise mit jedem anderen verglichen. Der bessere Vorschlag jeden Paares wird markiert. Die Summen der Markierungen einer jeden Idee erlauben schließlich das Erstellen einer Rangreihe.

Diese Methode ist besonders für eine geringere Anzahl von Ideen geeignet, die priorisiert werden wollen. Auf diese Weise kann beispielsweise eine Reihenfolge für das Lesen von Literatur oder für das Abarbeiten von Aufgaben festgestellt werden.

Klassenbildung

Die Klassenbildung ist eine weitere Form der intuitiven Urteilsabgabe. Jeder Lösungsvorschlag wird hierbei anhand eines zur Problemstellung passenden Klassensystems bewertet. Das Klassensystem ergibt sich aus dem für die Personen der Gruppe wichtigsten Kriterium, das die Entscheidungsbasis beeinflusst, beispielsweise: „Welche Lösung ist am effektivsten?" Die Lösungen werden je nach Erfüllungsgrad dieses Kriteriums sortiert. Die Anzahl der Erfüllungsgrade kann je nach Problemstellung variieren.

Typische Kriterien werden in Tabelle 25 dargestellt.

Tabelle 25: Kriterien, die zur Klassenbildung verwendet werden können

Kriterium	Erfüllungsgrade
Effekt	- Hoch effektiv - effektiv - Weniger effektiv - Nicht effektiv
Kosten	- günstig - kostenneutral - kostspielig

Realisierbarkeit	• Sehr gut realisierbar • Realisierbar • Weniger gut realisierbar • Nicht realisierbar
…	…

Bei komplexeren Entscheidungsvorgängen unterstützen Verfahren wie die Sechs-Hüte-Technik, das Negative Brainstorming und die Walt-Disney-Methode.

8.2 Bewertung komplexer Einzellösungen

Sowohl die intuitive Gesamtbewertung als auch die Bewertung auf Basis differenzierter Kriterien geben eine Systematik vor, die analytisch ist und weniger kreatives Denken erfordert. Kreatives Denken ist jedoch bei vielen Problemlöseprozessen auch in der Verifikationsphase gewünscht, weil dadurch Ideen weiter verbessert werden können und die offene Haltung für Alternativen beibehalten wird. Zu diesem Zweck eignen sich Methoden zur Bewertung komplexer Einzellösungen, bei denen weiterhin kreativ vorgegangen wird: die Sechs-Hüte-Technik, das Negative Brainstorming und die Walt-Disney-Methode.

Sechs-Hüte-Technik

Die von Edward de Bono konstruierte Methode der sechs Denkhüte hilft, Vorschläge strukturiert und zielgerichtet unter verschiedenen Perspektiven zu betrachten. Die Bewertenden diskutieren eine Idee nacheinander aus sechs verschiedenen Sichtweisen, die mit Farben symbolisiert werden und setzen sich dadurch bildlich gesprochen imaginäre Hüte auf den Kopf. Jede Hutfarbe symbolisiert eine bestimmte Denkweise, wie in Tabelle 26 illustriert wird.

Tabelle 26: Sichtweisen der Sechs-Hüte-Technik

Denkfarbe	Sichtweisen
Weißer Hut	Objektive und neutrale Informationen: „Welche Fakten zu der Idee kenne ich / kennen wir?"
Roter Hut	Gefühlsmäßige Ansicht, Emotionen, Intuition: „Was löst die Idee bei mir / uns aus?"
Gelber Hut	Vorteile der Idee, positive und optimistische Sichtweise: „Welche Vorzüge verspricht die Idee?"
Schwarzer Hut	Advocatus diaboli, Risiken und Gefahren, negative Perspektive: „Welche Nachteile bringt die Umsetzung der Idee mit sich?"
Grüner Hut	Setzt Kreativität frei, sucht nach neuen Möglichkeiten und Alternativen: „Was kann ich / können wir stattdessen tun?"
Blauer Hut	Behält den Überblick und die Kontrolle, organisiert den Denkprozess, lenkt den Einsatz der anderen Hüte, fasst zusammen und zieht ein Resümee: „Wie schätze ich / schätzen wir die Idee am Ende dieses Prozesses ein?"

Die Sechs-Hüte-Technik kann sowohl einzeln als auch in der Gruppe angewandt werden. Der Symbolwert der farbigen Hüte erleichtert es, sich die Bedeutung der Denkrichtungen zu merken, sich unter der jeweiligen Denkweise etwas vorzustellen und die gewählte Perspektive beizubehalten. Ziel ist es, nicht im Denken zu springen, sondern die Aufmerksamkeit zu lenken und sich pro Farbe nur mit der einen Sichtweise zu beschäftigen. Jeder Hut sollte voll ausgespielt werden. Dauert dies pro Farbe etwa fünf Minuten, so steht nach einer halben Stunde ein differenziertes Bild

und eine Entscheidung ist möglich, die verschiedene Perspektiven einbezieht.

Die Reihenfolge der Farben kann nach der Auflistung der Tabelle 26 erfolgen, ist jedoch im Einzelfall der Problemstellung anzupassen. Mit dem weißen objektiven Hut zu starten ist von Vorteil, da dadurch die Fakten darlegt werden und alle Personen auf den gleichen Informationsstand gelangen. Sollten Emotionen eine große Rolle spielen, ist es vorteilhaft, sich durch den frühen Einsatz des roten Hutes zu entlasten. Zum Schluss erfolgt die blaue Perspektive mit einem Resümee des Bewertungsprozesses. Die klare Struktur der verschiedenen Sichtweisen gestaltet die Bewertungsphase fokussiert und effizient.

Die Sechs-Hüte-Technik eignet sich für komplexe Entscheidungsvorgänge, die wegweisend sind und langfristigere Folgen haben, z.B.: „Soll ich nach der Promotion habilitieren oder den Sprung in die Wirtschaft wagen?", „Vertiefe ich mich in Fachbereich A oder B?", „Verfolgen wir in dem großen Projektantrag die Idee Y oder Z?"

Negatives Brainstorming

Eine Methode, mit der Sie Ihre bereits ausgereifte Idee vor einer Veröffentlichung auf Herz und Nieren prüfen, ist das negative Brainstorming oder „Reverse Brainstorming", entwickelt von Charles Whiting. Führen Sie zunächst ein Brainstorming zu allen negativen Aspekten der Idee durch – hier dürfen Sie nach Herzenslust kritisieren! Wählen Sie aus den genannten Kritikpunkten die stärksten aus. Modifizieren Sie die ursprüngliche Idee in einem kurzen Brainstorming so, dass die Kritikpunkte entkräftet werden.

Tabelle 27: Beispiel eines „Negativen Brainstorming" zur Bewertung eines Konferenzvortrags

Kritikpunkte	Optimierung
Vortrag ist zu lang	Kürzen, Vier statt fünf Fragestellungen anbringen, fünfte Fragestellung ins Backup und bei Nachfragen zeigen
Theorieteil hat zu viele Stränge	Visuelle Darstellung der Theoriestränge, die Überblick gibt
Studie mit eher wenig Probanden nur einer Zielgruppe	Als Limitationen vorstellen und Einwände damit antizipieren
Resümee wirkt banal	Spannendes Beispiel geben, das mögliche Auswirkungen verdeutlicht
Power-Point-Folien sehr inhaltslastig	Max. 7 Bulletpoints pro Folie, den Rest in die Notizen und mündlich anbringen
...	...

Die Methode funktioniert schnell und wirkt trotz der Sammlung negativer Aspekte konstruktiv. Da die Idee sofort weiterentwickelt wird, ist das Negative Brainstorming äußerst effektiv. Nutzen Sie das Negative Brainstorming, um Konferenzbeiträge, Präsentationen, Essays, Paper etc. zu optimieren. Verwenden Sie das Verfahren zur Reflexion und Verbesserung Ihrer Lehrveranstaltungen, Ihrer Beratungen, Ihrer Projektanträge u.v.m. Den Einsatzfeldern dieser Methode für einen letzten Feinschliff sind nahezu keine Grenzen gesetzt.

Walt-Disney-Methode

Eine pragmatische Technik, die Ideenfindung und Bewertung vereint, ist die Walt-Disney-Methode. Walt Disney hat wohl seine Ideen produziert, indem er nacheinander drei Rollen eingenommen hat: den Visionär, den Kritiker und den Realisten. Auf dieses Vorgehen beruft sich die nach ihm benannte Methode, bei der Sie ebenfalls nacheinander diese drei Rollen einnehmen.

(1) Visionäre Perspektive. In der Rolle der Visionärin, des Visionärs dürfen Sie träumen. Überlegen Sie sich, was alles möglich und vorstellbar wäre. Assoziieren Sie und generieren Sie Ideen ohne Grenzen und malen Sie sich alles im Detail aus: Wie wäre für Sie der absolute Traumzustand?

(2) Kritische Perspektive. Im zweiten Schritt nehmen Sie die Rolle der Kritikerin, des Kritikers ein. Hinterfragen Sie als Qualitätsmanager, was es an den Visionen zu bedenken und zu optimieren gibt.

(3) Realistische Perspektive. Schließlich schlüpfen Sie in die Rolle der Realistin, des Realisten und prüfen, wie Sie Ihre Ideen praktisch verwirklichen können. Hier planen Sie strategisch die Umsetzung und überprüfen die Implementierung der Ideen.

Der Ablauf bildet die Phasen des kreativen Prozesses ab. Manchmal ist es ratsam, die verschiedenen Rollen mehrmals zu durchlaufen, bis eine umsetzbare Lösung entstanden ist.

Tabelle 28: Beispiel der „Walt-Disney-Methode" zur Verwirklichung einer Projektidee

Rolle	Aspekte
Visionärin, Visionär	Lehre soll verbessert werden, gute Betreuung von allen Studierenden in sämtlichen Studienphasen, Lehrende sind in Hochschuldidaktik hervorragend ausgebildet
Kritikerin, Kritiker	Keiner hat Zeit für hochschuldidaktische Weiterbildung, wir können nie alle erreichen, es gibt zu viele Unterschiede in den einzelnen Fachkulturen
Realistin, Realist	Gute Ausbildung von wenigen engagierten Lehrenden, multiplikativer Ansatz: Die ausgebildeten Lehrenden tragen hochschuldidaktische Konzepte in ihre Fachkulturen und schulen ihre Kolleginnen und Kollegen sowie Tutorinnen und Tutoren

Häufig reicht eine Bewertung im Gesamten nicht aus und Ideen müssen hinsichtlich spezifischer Eigenschaften evaluiert werden.

8.3 Bewertung anhand differenzierter Kriterien

Mit Bewertungen auf Basis differenzierter Kriterien werden Vorschläge in Bezug auf einzelne Merkmale miteinander verglichen. Dazu werden zunächst relevante Kriterien, die eine endgültige Lösung erfüllen soll, in einem Kriterienkatalog aufgelistet und mögliche Erfüllungsgrade dieser Kriterien dargestellt (vgl. Tabelle 29). Übliche Kriterien sind beispielsweise die Effekte, die Kosten, die Nachhaltigkeit, die Realisierbarkeit, der Zeitaufwand etc.

Pro Kriterium wird jeder Lösungsvorschlag in die Zelle eingeordnet, die den Erfüllungsgrad am besten repräsentiert. Der ausgefüllte Kriterienkatalog gibt eine gute Übersicht über die verglichenen Faktoren, auf deren Basis eine endgültige Entscheidung getroffen werden kann.

8 Bewertungsmethoden

Tabelle 29: Aufbau eines Kriterienkatalogs

		Erfüllungsgrad				
		Sehr gut	Gut	Mittel	Schlecht	Miserabel
Kriterium	Effekt	Lösungsvorschlag A	Vorschlag B, Vorschlag C			
	Kosten		Vorschlag C	Vorschlag A	Vorschlag B	
	Nachhaltigkeit		Vorschlag A, Vorschlag B			Vorschlag C

Sollen die Ideen gewichtet werden, so muss vor der Bewertung festgelegt werden, wie hoch der Gewichtungsfaktor pro Kriterium ist. Die Erfüllungsgrade werden mit einem Zahlenwert aufgelistet.

Tabelle 30: Aufbau eines gewichteten Kriterienkatalogs

			Erfüllungsgrad		
			Sehr gut 3	Mittel 2	Schlecht 1
		Gewichtung			
Kriterium	Effekt	1,0	Lösungsvorschlag B	Vorschlag A, Vorschlag C	
	Kosten	0,6		Vorschlag C	Vorschlag A, Vorschlag B
	Nachhaltigkeit	0,3		Vorschlag A, Vorschlag B	Vorschlag C

8.3 differenzierter Kriterien

Die Höhe des Erfüllungsgrades der einzelnen Kriterien wird mit dem Faktor der Gewichtung multipliziert. Sämtliche Produkte aller Kriterien, die eine Lösung erfüllt, werden zu einem Nutzwert addiert. In dem Beispiel von Tabelle 30 ergeben sich beispielsweise folgende Nutzwerte:

- Lösungsvorschlag A: (2x1,0)+(1x0,6)+(2x0,3)=3,2
- Lösungsvorschlag B: (3x1,0)+(1x0,6)+(2x0,3)=4,2
- Lösungsvorschlag C: (2x1,0)+(2x0,6)+(1x0,3)=3,5

In Lehrveranstaltungen können Sie diese Methode zur Bewertung von schriftlichen Arbeiten einsetzen. Das Verfahren unterstützt eine möglichst objektive Notengebung.

Zur Orientierung wird in Tabelle 31 dargestellt, welche Bewertungsmethode Sie bei welchen Lösungsvorlagen einsetzen können.

Tabelle 31: Bewertungsmethoden im Überblick

Auf den Punkt gebracht: Wann nutzen Sie Methoden zur Bewertung?	
Punktabfrage	• Bei Lösungen, die intuitiv als Ganzes bewertet werden dürfen • Zur Erstellung von Meinungsbildern • Als Feedbackmethode
Paarvergleich	• Bei einer überschaubaren Anzahl an Lösungen, die intuitiv als Ganzes bewertet werden dürfen • Zur Verdeutlichung unterschiedlicher Prioritäten • Zur Erstellung von Rangreihen
Klassenbildung	• Wenn Lösungsansätze hinsichtlich eines spezifischen Kriteriums sortiert werden sollen

Auf den Punkt gebracht: **Wann nutzen Sie Methoden zur Bewertung?**	
Sechs-Hüte-Technik	• Zum Vergleich von zwei Möglichkeiten, die sehr viele komplexe und schwer objektivierbare Aspekte beinhalten • Wenn Sie bewusst verschiedene Perspektivenwechsel vollziehen wollen • Bei wegweisenden Entscheidungen, die langfristigere Folgen haben
Negatives Brainstorming	• Zur Überprüfung und Optimierung einer beinahe fertig ausgearbeiteten Lösung oder eines Projekts • Zur Antizipation von Kritik und Einwänden • Zur Vorbereitung auf Gegenargumente
Walt-Disney-Methode	• Wenn Visionen eine Rolle spielen • Zur schnellen Durchführung des kreativen Prozesses mit einer Methode
Kriterienkatalog	• Zur Gewichtung von Lösungen hinsichtlich spezifischer Kriterien • Zur Auflistung von Lösungen in einer Rangreihenfolge anhand eines Nutzwerts

9 Kreativität als Qualifikation

Ein Buch zur Förderung der Kreativität an der Hochschule – ist das nur eine nette Anregung oder eine längst überfällige Notwendigkeit?

„Wir bilden heute junge Menschen für Berufe aus, die es noch gar nicht gibt, von denen wir nicht wissen, welche Technologien und Verfahren sie anwenden werden und welche Probleme sie lösen sollen" (zitiert nach Wolf Wagner, 2010, S. 7).

Den Gedanken von Wolf Wagner beipflichtend sollte Kreativität in der Ausbildung der Studierenden ein fester Bestandteil sein. Mit Kreativität entwickeln Studierende, Promovierende, Lehrende und Forschende eine Ressource, aus der sie jederzeit schöpfen können, welche Probleme, Fragestellungen, Rahmenbedingungen und Entwicklungsschritte auch immer die Zukunft bringt. Kreatives Denken und Handeln ist eine Qualifikation, von der sämtliche Berufsfelder profitieren.

Das Anwenden von Kreativitätstechniken bereichert die Arbeit an der Hochschule und trägt dazu bei, dass höhere und flexiblere

Denkleistungen vollbracht werden, gepaart mit innovativeren Ansätzen. Genau solch eine Arbeitsweise wollen wir mit der Arbeit im Hochschulkontext in sämtlichen Fächern erreichen.

Die Basis allen kreativen Denkens und Handelns ist eine Haltung, die Kreativität ermöglicht und fördert. Mit einer passenden Grundeinstellung können Sie bereits viel bewirken: Stillen Sie Ihren Wissensdurst, bleiben Sie neugierig, saugen Sie Informationen vielseitig auf und wenden Wissen flexibel an. Denken Sie absichtlich unkonventionell, wechseln Sie gezielt immer wieder Ihre Perspektive, denken Sie divergent. Entwickeln Sie eine positive Haltung. Seien Sie achtsam für Ihre Motivation und Ihre emotionale Verfassung, da diese Auswirkungen auf Ihr kreatives Potential haben. Mit Motivation und in guter Stimmung geht das Meiste müheloser von der Hand. Schaffen Sie sich Raum für Kreativität und gestalten Sie Ihre Umgebung, um Flow zu erleben und hohes kreatives Potential freizusetzen. Vergessen Sie Ihr Problem hin und wieder oder mit anderen Worten: Pflegen Sie angemessene Inkubationsphasen und lassen sich Zeit, um Inkubation wirken zu lassen.

Das Wissen über Kreativitätstechniken und der stete Umgang damit steigern langfristig das persönliche kreative Potential. Kreative Methoden unterstützen Sie nicht nur bei der Bearbeitung eines spezifischen Problems. Die Prinzipien und Denkformen, auf die Kreativitätstechniken aufbauen, sind in der wissenschaftlichen Arbeit und beim Lehren von großem Nutzen. Die Methoden trainieren die Assoziations- und Analogiebildung, die Strukturübertragung, die systematische Ordnung und Gliederung von problemrelevanten Elementen sowie deren systematische Kombination und Variation. Kreativitätstechniken wirken kognitiven Fixierungen entgegen und helfen Denk- und Schreibblockaden aufzuheben.

Verwenden Sie dort Routinen wo Routinen angebracht sind – wir müssen nicht jeden Tag das Rad neu erfinden. Nutzen Sie Kreativitätstechniken, um einen neuen Blick auf Ihre Problemstellungen zu erhalten. Methoden der Problemspezifizierung fördern die Problemsensibilisierung und die Fähigkeiten zur Problemanalyse. Dies schärft die Wahrnehmung und erleichtert es uns, in komplexen Situationen den Überblick zu behalten und das Ziel nicht aus den Augen zu verlieren. Steter Umgang mit Methoden der Ideenfindung begünstigt neben dem schnelleren Generieren neuer Ideen aufgrund des gesteigerten Assoziationsvermögens ein gutes Vorstellungsvermögen. Denkpfade werden neu verknüpft, was für Lernprozesse förderlich ist. Außerdem erhöht eine kreative Methodenkompetenz die Flexibilität und damit das schnelle und spontane Umdenken. Bewertungstechniken erleichtern die systematische Evaluation von Problemlösungen, wodurch haltbare und nachvollziehbare Entscheidungsgrundlagen erzielt werden. Eine häufige Nutzung von Kreativitätstechniken fördert das divergente Denken, eine zentrale Kompetenz in der Arbeit an der Hochschule. Mit der regelmäßigen Anwendung entwickeln Sie Ihre Kreativitätskompetenz.

All die Grundsätze einer kreativen Haltung und verschiedene kreativen Methoden können Sie Ihren Studierenden nahebringen, damit sie kreativer agieren. Wenn Sie so wie ich von einer kreativeren Herangehensweise im Alltag überzeugt sind, animieren Sie Ihre Studierenden, Kolleginnen und Kollegen immer wieder kreativer zu denken und zu handeln. Seien Sie ein Kreativitäts-Vorbild. Lassen Sie die Studierenden erleben, dass kreative Fähigkeiten einen entscheidenden Mehrwert im wissenschaftlichen Arbeiten und in der Lehre bringen. Kreatives Arbeiten im Team motiviert und erleichtert das Arbeiten. Qualitativ hochwertige Problemlösungen entstehen müheloser. Kreative Umgebungen im Lehrkontext begünstigen Lernprozesse. Studierende sind aktiv, sie werden herausgefordert und entwickeln eine Kompetenz fürs Leben. Mit Kreativität machen wissenschaftliches Arbeiten, Lehre und Lernen nicht nur mehr Spaß, es entstehen gleichzeitig qualitativ hochwertigere Ergebnisse. Als überfachliche Kompetenz sind sie in jedem wissenschaftlichen Fachbereich unerlässlich. Und nebenbei ist Kreativität auch im privaten Alltag von Nutzen. Kreatives Denken und Handeln ist eine Qualifikation, die für sämtliche Lebensbereiche gewinnbringend ist.

Ich wünsche Ihnen viel Freude und Erfolg mit der Schlüsselqualifikation Kreativität!

Literatur

Amabile, T.M. (1996): Creativity in Context. Westview Bolder CO.

Amabile, T. M. (1985). Motivation and Creativity: Effects of Motivational Orientation on Creative Writers. Journal of Personality and Social Psychology, 48(2), 393–399.

Amabile, T. M., Barsade, S. G., Mueller, J. S., & Staw, B. M. (2005). Affect and Creativity at Work. Administrative Science Quarterly, 50, 367–403.

Amabile, T. M., & Conti, R. (1999). Changes in the work environment for creativity during downsizing. Academy of Management journal, 42(6), 630-640.

Antosch-Bardohn, J (2007): Kreativitätstechniken in rhetorischen Prozessen. Grin Verlag.

Antosch-Bardohn, J (2018): Nicht-intentionale Lernprozesse im Alltag von Studierenden. Logos Verlag.

Antosch-Bardohn, J. (2019): „Für mein Thema brennen die Studis" – Lernmotivation in der Hochschullehre. In: Neues Handbuch Hochschullehre. Nummer 89, S. 1-18.

Antosch-Bardohn, J. (in Druck): „Wirken Forschungs- und Lehrzeiten als gegenseitige Inkubationspausen? – Von der Intention nicht-intentionale Verarbeitung zu nutzen. Springer Verlag.

Backerra, H.; Malorny, C.; Schwarz, W. (2002): Kreativitätstechniken. München: Hanser Verlag.

Baer, M., & Oldham, G. R. (2006). The curvilinear relation between experienced creative time pressure and creativity: moderating effects of openness to experience and support for creativity. Journal of Applied Psychology, 91(4), 963.

Baird, B., Smallwood, J., Mrazek, M. D., Kam, Julia W Y, Franklin, M. S., & Schooler, J. W. (2012). Inspired by distraction: mind wandering facilitates creative incubation. Psychological Science, 23(10), 1117–1122. https://doi.org/10.1177/0956797612446024

Beck, H. (2013). Biologie des Geistesblitzes-Speed up your mind!. Springer-Verlag.

Beeftink, F., van Eerde, W., & Rutte, C. G. (2008). The Effect of Interruptions and Breaks on Insight and Impasses: Do You Need a Break Right Now? Creativity Research Journal, 20(4), 358–364. https://doi.org/10.1080/10400410802391314

Beege, B. & Antosch-Bardohn, J. (2019) „Zeitaufwendig und albern? Kurzaktivierungen und ihr lernrelevanter Einsatz in Lehrveranstaltungen" 3. Auflage, 93. Ausgabe Neues Handbuch Hochschullehre.

Bono de, E. (1987): Das Sechsfarben-Denken. Econ Verlag GmbH.

Bono de, E. (1996): Serious Creativity. Stuttgart: Schäffer-Poeschel Verlag.

Bono de, E. (2002): De Bonos neue Denkschule. Landsberg: mvg Verlag.

Brander, S. / Kompa, A. / Peltzer, U. (1985): Denken und Problemlösen. Westdeutscher Verlag.

Browne, B. A., & Cruse, D. F. (1988). The incubation effect: Illusion or illumination?. Human Performance, 1(3), 177-185.

Buchholz, N. / Preiser, S. (2008): Kreativität. Ein Trainingsprogramm für Alltag und Beruf. Asanger Verlag.

Buzan, T. (2000): Kopftraining. München: Orbis Verlag.

Christensen, B. T., & Schunn, C. D. (2005). Spontaneous Access and Analogical Incubation Effects. Creativity Research Journal, 17(2-3), 207–220. https://doi.org/10.1080/10400419.2005.9651480

Crawford, R. P. (1968). Direct Creativity: With Attribute Listing. Fraser Publishing Company.

Cropley, A. J. (2001). Creativity in education & learning: A guide for teachers and educators. Psychology Press.

Csikszentmihalyi, M. (2010). Das flow-Erlebnis: jenseits von Angst und Langeweile: im Tun aufgehen. Klett-Cotta. 11.Auflage

Csikszentmihalyi, M. (2010): Kreativität. Klett-Cotta.

Csikszentmihalyi, M., & Sawyer, K. (1995). Creative Insight: The Social Dimension of a Solitary Moment. In: Sternberg, R.J. & Davidson, J.E. (Hrsg.) The Nature of Insight. MIT Press. S. 329-364.

Diehl, M. & Stroebe, W. (1987): Productivity loss in Brainstorming groups: Toward the solution of a riddle. in: Journal of Personality and Social Psychology, 1987, Vol.53, No.3, pp.497-509.

Dijksterhuis, A., & Meurs, T. (2006). Where creativity resides: the generative power of unconscious thought. Consciousness and cognition, 15(1), 135–146. https://doi.org/10.1016/j.concog.2005.04.007

Dominowski, R. L., & Dallob, P. (1995). Insight and Problem Solving. In R. J. Sternberg & J. E. Davidson (Eds.), The Nature of Insight (S.33–62). Cambridge, Mass: MIT Press.

Dow, G. T., & Mayer, R. E. (2004). Teaching Students to Solve Insight Problems: Evidence for Domain Specificity in Creativity Training. Creativity Research Journal, 16(4), 389–402.

Dreistadt, R. (1969). The use of analogies and incubation in obtaining insights in creative problem solving. The journal of psychology, 71(2), 159-175.

Drevdahl, J. (1956): Factors of importance for creativity. In: Journal of Clinical Psychology, Nr. 12, S.21-26.

Dries, G.-M. (1982): Kreativität. Heidelberg: Sauer-Verlag.

Ellwood, S., Pallier, G., Snyder, A., & Gallate, J. (2009). The Incubation Effect: Hatching a Solution? Creativity Research Journal, 21(1), 6–14. https://doi.org/10.1080/10400410802633368

Estrada, C. A., Isen, A. M., & Young, M. J. (1994). Positive Affect Improves Creative Problem Solving and Influences Reported Source of Practice Satisfaction in Physicians. Motivation and Emotion, 18(4), 285–299.

Finke, R. A., Ward, T. B., & Smith, S. M. (1992). Creative cognition: Theory, research, and applications (1st pbk. ed). Cambridge, Mass: MIT Press.

Frank, H.-J. (2004): Ideen zeichnen. Betz-Verlag.

Fulgosi, A., & Guilford, J. P. (1968). Short-term incubation in divergent production. The American journal of psychology, 81(2), 241-246.

Gall, M., & Mendelsohn, G. A. (1967). Effects of facilitating techniques and subject-experimenter interaction on creative

problem solving. Journal of Personality and Social Psychology, 5(2), 211.
George, J. M., & Zhou, J. (2001). When openness to experience and conscientiousness are related to creative behavior: an interactional approach. Journal of applied psychology, 86(3), 513.
Geschka, H. / von Reibnitz, U. (1980): Vademecum der Ideenfindung. Frankfurt: Battelle-Institut e.V.
Getz, I., & Lubart, T. I. (1999). The Emotional Resonance Model of Creativity: Theoretical and Practical Extensions. In S. W. Russ (Ed.), The series in clinical and community psychology. Affect, creative experience, and psychological adjustment (S.41–55). Philadelphia: Brunner/Mazel.
Gilhooly, K. J., Georgiou, G., & Devery, U. (2013). Incubation and creativity: Do something different. Thinking & Reasoning, 19(2), 137–149. https://doi.org/10.1080/13546783.2012.749812
Gray, D. (2011). Gamestorming: ein Praxisbuch für Querdenker, Moderatoren und Innovatoren. O'Reilly Germany.
Guilford, J. P. (1956). The structure of intellect. Psychological bulletin, 53(4), 267.
Hélie, S., & Sun, R. (2010). Incubation, insight, and creative problem solving: a unified theory and a connectionist model. Psychological review, 117(3), 994.
Hemmer-Junk, K. (1995). Kreativität. Univ, Frankfurt am Main, Berlin, Trier.
Hennessey, B. A. (1999). Intrinsic motivation, affect and creativity. Affect, creative experience and psychological adjustment, 77-90.
Hunter, S. T., Bedell, K. E., & Mumford, M. D. (2007). Climate for creativity: A quantitative review. Creativity research journal, 19(1), 69-90.
Isaak, M. I., & Just, M. A. (1995). Constraints on Thinking in Insight and Invention. In R. J. Sternberg & J. E. Davidson (Eds.), The Nature of Insight (S.281–325). Cambridge, Mass: MIT Press.
Isen, A. M. (1999). On the Relationship Between Affect and Creative Problem Solving. In S. W. Russ (Ed.), The series in clinical and community psychology. Affect, creative experience, and psychological adjustment (S.3–17). Philadelphia: Brunner/Mazel.

Isen, A. M., Daubman, K. A., & Nowicki, G. P. (1987). Positive Affect Facilitates Creative Problem Solving. Journal of Personality and Social Psychology, 52(6), 1122–1131.

Janiszewski, C., Noel, H., & Sawyer, A. G. (2003). A Meta-analysis of the Spacing Effect in Verbal Learning: Implications for Research on Advertising Repetition and Consumer Memory. Journal of Consumer Research, 30, 138–149.

Kaplan, C. A., & Davidson, J. (1989). Hatching a Theory of Incubation Effects (Technical Report No. CIP No. 472).

Keller, A. F. (1971). Methoden zum Finden neuer Ideen. Marketing Journal, 4(2), 154-158.

Kleiman, P. (2008). Towards transformation: conceptions of creativity in higher education. Innovations in Education and Teaching International, 45(3), 209-217.

Kluge, A., & Zysno, P. V. (1993). Teamkreativitaet: Eine Untersuchung zum Training der Ideenfindung mit klassischen Kreativitaetsmethoden. Berichte zur Erziehungstherapie und Eingliederungshilfe. 56. Muenchen: Minerva.

Knoblich, G., Ohlsson, S., Haider, H., & Rhenius, D. (1999). Constraint Relaxation and Chunk Decomposition in Insight Problem Solving. Journal of Experimental Psychology: Learning, Memory, and Cognition, 25(6), 1534–1555.

Krähenbühl, S. (2017). Kreativität als Lernstrategie: die Bedeutung für Lese-und Rechenkompetenzen in der Grundschule. Springer-Verlag.

Esselborn-Krumbiegel, H. (2017). Von der Idee zum Text: eine Anleitung zum wissenschaftlichen Schreiben (Vol. 2334). UTB.

Landau, E. (1984). Kreatives Erleben: (Fruehere Ausg. u.d.T.:)/ Psychologie der Kreativitaet/. Psychologie und Person. 17. Muenchen: Reinhardt.

Lewrick, M., Link, P., & Leifer, L. (2018). The design thinking playbook: Mindful digital transformation of teams, products, services, businesses and ecosystems. John Wiley & Sons.

Lipp, U., & Will, H. (2008). Das große Workshop-Buch–Konzeption. Inszenierung und Moderation. Weinheim: Beltz-Verlag.

Lubart, T. I. (2000-2001). Models of the Creative Process: Past, Present and Future. Creativity Research Journal, 13(3 & 4), 295–308.

Luther, M. (2013). Das große Handbuch der Kreativitätsmethoden. Wie Sie in vier Schritten mit Pfiff und Methode Ihre Problemlösungskompetenz entwickeln und zum Ideen-Profi werden. Bonn: managerSeminare.

Mandl, H., Friedrich, H. F., & Hron, A. (1994). Psychologie des Wissenserwerbs. In B. Weidenmann (Ed.), Pädagogische Psychologie. Ein Lehrbuch (3rd ed., S.143–218). Weinheim: Beltz, Psychologie-Verl.-Union.

Mayer, R. E. (1999). Problem Solving. In M. A. Runco & S. R. Pritzker (Eds.), Encyclopedia of creativity (S.437–447). San Diego, Calif.: Academic Press.

Mayer, R. E., & Wittrock, M. C. (2006). Problem Solving. In P. A. Alexander & P. H. Winne (Eds.), Handbook of educational psychology (2nd ed., S. 287–303). Mahwah, N.J.: Erlbaum.

Meyer, M. (2011). Priming und Lernen: Zum Einfluss von Primingeffekten auf implizite und explizite Lernprozesse (1. Aufl.). Hagen: Fernuniv.

Moss, J., Kotovsky, K., & Cagan, J. (2007). The influence of open goals on the acquisition of problem-relevant information. Journal of experimental psychology. Learning, memory, and cognition, 33(5), 876–891. https://doi.org/10.1037/0278-7393.33.5.876

Murray, N., Sujan, H., Hirt, E. R., & Sujan, M. (1990). The Influence of Mood on Categorization: A Cognitive Flexibility Interpretation. Journal of Personality and Social Psychology, 59(3), 411–425.

Nijstad, B. A., Diehl, M., & Stroebe, W. (2003). Cognitive stimulation and interference in idea generating groups. Group creativity: Innovation through collaboration, 137-159.

Olton, R. M., & Johnson, D. M. (1976). Mechanisms of incubation in creative problem solving. The American Journal of Psychology, 617-630.

Osborn, A.F. (1953): Applied Imagination. New York.

Parnes, S.J. (1962a): Can creativity be increased? in: Parnes S.J. / Harding H.F. (1962): A source book for creative thinking. New York: Charles Scribner's Sons, pp.185-191.

Parnes, S.J. (1962b): Do you really understand Brainstorming? in: Parnes S.J. / Harding H.F. (1962): A source book for creative thinking. New York: Charles Scribner's Sons (S.283-290).

Paulus, P. B., & Brown, V. R. (2003). Enhancing ideational creativity in groups. Group creativity: Innovation through collaboration, 110-136.

Penney, C. G., Godsell, A., Scott, A., & Balsom, R. (2004). Problem variables that promote incubation effects. The Journal of Creative Behavior, 38(1), 35-55.

Pimmer, H. (1995): Kreativitätsforschung und Joy Paul Guilford. München: Akademischer Verlag.

Posner, M. I. (1976). Kognitive Psychologie. Grundfragen der Psychologie. München: Juventa.

Preiser, S. & Buchholz, N. (2008): Kreativität. Ein Trainingsprogramm für Alltag und Beruf. Asanger Verlag.

Rheinberg, F. (2006). Motivation (6., überarb. und erw. Aufl). Urban-Taschenbücher: Vol. 555. Stuttgart: Kohlhammer.

Ritter, S. M., & Dijksterhuis, A. (2014). Creativity-the unconscious foundations of the incubation period. Frontiers in human neuroscience, 8, 215. https://doi.org/10.3389/fnhum.2014.00215

Rohrbach, B. (1969). Methode 635, eine neue Technik zum Lösen von Problemen. German sales magazine „Absatzwirtschaft, 19.

Runco, M.A. (2014): Creativity. Theories and Themes: Research, Development, and Practice. Academic Press.

Schaude, G. (1995): Kreativitäts-, Problemlösungs- und Präsentationstechniken. Eschborn: RKW-Verlag.

Schlicksupp, H. (2004). Ideenfindung, 3. Auflage, Würzburg.

Scott, G., Leritz, L. E., & Mumford, M. D. (2004). The effectiveness of creativity training: A quantitative review. Creativity research journal, 16(4), 361-388.

Segal, E. (2004). Incubation in Insight Problem Solving. Creativity Research Journal, 16(1), 141–148.

Seifert, C. M., Meyer, D. E., Davidson, N., Patalano, A. L., & Yaniv, I. (1995). Demystification of Cognitive Insight: Opportunistic Assimilation and the Prepared-Mind Perspective. In R. J. Sternberg & J. E. Davidson (Eds.), The Nature of Insight (S.65–124). Cambridge, Mass: MIT Press.

Seiffge-Krenke, I. (1974): Probleme und Ergebnisse der Kreativitätsforschung. Verlag Hans Huber.

Shah, J. Y., & Kruglanski, A. W. (2002). Priming against your will: How accessible alternatives affect goal pursuit. Journal of Experimental Social Psychology, 38(4), 368–383. https://doi.org/10.1016/S0022-1031(02)00005-7

Sio, U. N., Kotovsky, K., & Cagan, J. (2016). Interrupted: The roles of distributed effort and incubation in preventing fixation and generating problem solutions. Memory & Cognition. Advance online publication. https://doi.org/10.3758/s13421-016-0684-x

Sio, U. N., & Ormerod, T. C. (2009). Does incubation enhance problem solving? A meta-analytic review. Psychological Bulletin, 135(1), 94–120. https://doi.org/10.1037/a0014212

Smith, S. M. (1995). Getting into and out of mental ruts: A theory of fixation, incubation, and insight. In: Sternberg, R.J. & Davidson, J.E. (Hrsg.) The Nature of Insight. MIT Press. S.229-251.

Smith, S. M. (2003). The constraining effects of initial ideas. Group creativity: Innovation through collaboration, 15-31.

Smith, S. M., & Blankenship, S. E. (1991). Incubation and the Persistence of Fixation in Problem Solving. The American Journal of Psychology, 104(1), 61–87.

Smith, S. M., & Linsey, J. (2011). A three-pronged approach for overcoming design fixation. The Journal of Creative Behavior, 45(2), 83-91.

Smith, S. M., & Vela, E. (1991). Incubated reminiscence effects. Memory & Cognition, 19(2), 168–176.

Sonnenburg, S. (2007): Kooperative Kreativität. Deutscher Universitäts-Verlag.

Sternberg, R. J., & Lubart, T. I. (1995). An investment perspective on creative insight. In: Sternberg, R.J. & Davidson, J.E. (Hrsg.) The Nature of Insight. MIT Press. 535-558.

Strick, M., Dijksterhuis, A., Bos, M. W., Sjoerdsma, A., Van Baaren, R. B., & Nordgren, L. F. (2011). A meta-analysis on unconscious thought effects. Social Cognition, 29(6), 738-762.

Subramaniam, K., Kounios, J., Parrish, T. B., & Jung-Beeman, M. (2008). A Brain Mechanism for Facilitation of Insight by Positive Affect. Journal for Cognitive Neuroscience, 21(3), 415–432.

Topolinski, S., & Reber, R. (2010). Gaining insight into the „Aha" experience. Current Directions in Psychological Science, 19(6), 402-405.

Ulmann, G. (1968): Kreativität. Weinheim: Verlag Julius Beltz.

Urban, K. (1994). Recent trends in creativity research and theory. Competence and responsibility, 2, 55-67.

Urban, K. K. (2000). Kreativität: Vom Störfaktor zum Unterrichtsziel. Begabung und Leistung in der Schule, 2, 117-138.

Urban, K. K. (2004). Kreativität: Herausforderung für Schule, Wissenschaft und Gesellschaft. LIT Verlag Münster.

Wagner, W. (2010). Tatort Universität: vom Versagen deutscher Hochschulen und ihrer Rettung. Klett-Cotta.

Wells, D. H. (1996). Forced incubation. Creativity Research Journal, 9(4), 407-409.

Westen, D. (1999). The Scientific Status of Unconscious Processes: Is Freud Really Dead? Journal of the American Psychoanalytic Association, 47(4), 1061–1106. https://doi.org/10.1177/000306519904700404

Whiting, C. S. (1958). Creative thinking (Vol. 1). New York.

Yang, H., Chattopadhyay, A., Zhang, K., & Dahl, D. W. (2012). Unconscious creativity: When can unconscious thought outperform conscious thought?. Journal of Consumer Psychology, 22(4), 573-581.

Yaniv, I., & Meyer, D. E. (1987). Activation and Metacognition of Inaccessible Stored Information: Potential Bases for Incubation Effects in Problem Solving. Journal of Experimental Psychology: Learning, Memory, and Cognition, 13(2), 187–205.

Zwicky, F. (1971): Entdecken, Erfinden, Forschen. München: Droemersche Verlagsanstalt.

Die Autorin

Dr. Jana Antosch-Bardohn ist Kommunikations- und Hochschuldidaktiktrainerin, zertifizierte Mediatorin sowie promovierte Psychologin und Pädagogin. Seit mehr als 15 Jahren arbeitet sie als Trainerausbilderin, (Online-)Trainerin und Koordinatorin in der Personalqualifikation PROFiL der LMU München sowie dem Münchner Weiterbildungsinstitut Sprachraum. Thematische Schwerpunkte sind Kreativitäts- und Inkubationsprozesse, interaktive Lehr-/Lernmethoden, Motivation, Moderation und Konfliktmanagement.

Die Grafikerin

Ulrike Halvax wuchs in den steirischen Bergen in Österreich auf. Sie studierte Grafikdesign an der Kunstuniversität Linz und Kunstakademie Vilnius. In Wien und München arbeitete sie einige Jahre in ihrem Beruf um dann dem Ruf der Heimat zu folgen. Nun lebt sie mit ihrer Familie in der Nähe von Graz und zeichnet und gestaltet als freie Illustratorin und Grafikdesignerin für Groß und Klein. Mehr Infos und aktuelle Arbeiten finden Sie unter „www.larika.net" und „www.instagram.com/ulrikehalvax".